TJ 1935
장수기업
태전 이야기

TJ 1935 장수기업 태전 이야기

초판 1쇄 발행 2024년 6월 10일
초판 2쇄 발행 2024년 6월 20일

지은이 봉현철, 윤형준

기획편집 류정화, 도은주
마케팅 이수정

펴낸이 윤주용
펴낸곳 초록비책공방

주소 서울시 마포구 동교로7길53 308호
전화 0505-566-5522   팩스 02-6008-1777

메일 greenrainbooks@naver.com
인스타 @greenrainbooks @greenrain_1318
블로그 http://blog.naver.com/greenrainbooks

ISBN 979-11-93296-30-1 (03320)

어려운 것은 쉽게 쉬운 것은 깊게 깊은 것은 유쾌하게

초록비책공방은 여러분의 소중한 의견을 기다리고 있습니다.
원고 투고, 오탈자 제보, 제휴 제안은 greenrainbooks@naver.com으로 보내주세요.

TJ

직원들이 만든 회사 이야기 01

장수기업
태전
이야기

90년간 이어온 태전그룹 성장의 비밀

봉현철, 윤형준 지음

1935

초록비책공방

감사의 말

내년이면 저희 태전그룹이 만 90세가 됩니다. 지난 90년간 정말 많은 분의 따뜻한 보살핌에 힘입어 이제 태전은 우리나라 약품 도매업체 중 Big 5 안에 들어가는 탄탄한 기업으로 성장했습니다.

저는 이 은혜에 조금이나마 보답해야 한다고 생각했습니다. 어떻게 보답하는 것이 좋을까? 생일 파티를 열어서 여러분을 초대해 볼까? 생일 떡을 만들어서 집마다 돌려볼까? 여러 가지 생각 끝에 저는 "우리의 목적과 방향을 담은 책을 써서 여러분께 나눠드리자."라는 결론에 도달했습니다.

90년간 저희를 도와주신 분들께 보답하는 가장 궁극적인 방법은 앞으로도 더 나은 회사로 성장해서 지난 90년간 저희 선배님들이 그랬듯이 '건강을 통한 이로운 세상'을 만드는 데 미력하나마 최선을 다하는 것으로 생각합니다. 그리고 앞으로 더 나은 회사가 되기 위해서는 온고이지신(溫故而知新)이라는 논어의 말씀처럼 저희 선배님들이 걸어온 90년을 체계적으로 성찰해서 회사 발전의 초석이 될 철학과 행동 원칙을 정립하고 이를 후배 세대에게 물려주는 일이라고 믿습니다.

또한 저희의 고객이신 약사님과 병의원 원장님, 그리고 종합병원의 관계자분께도 태전그룹의 진면목과 모든 구성원의 진심을 알려드리고 싶었습니다. 행여 차후에 저희 중 누군가가 이 책에 쓴 철학과 원칙에 위배되는 행동을 했을 때 "저기요, 이건 태전 방식이 아니잖아요. 제대로 좀 하세요." 하고 따끔한 충고를 하실 수 있도록 말입니다.

그런 의미에서 이 책은 태전그룹 구성원 간의 약속이자 저희 태전은 이런 철학과 원칙으로 의사결정하고 행동하겠다는 고객님께 드리는 약속입니다.

이 책이 나오기까지, 그리고 오늘의 태전그룹이 있기까지 헌신해주신 모든 분께 머리 숙여 깊은 감사의 마음을 전합니다. 가장 처음 떠오르는 분들은 저희 할아버님과 할머님, 아버님과 어머님이십니다. 이분들의 정성과 노력이 아니었으면 오늘날의 저와 태전은 없었을 것입니다. 지난 90년간 태전을 위해 헌신하셨던 수많은 임직원분께도 이 자리를 빌려 깊이 감사드립니다.

우리 태전이 이만큼 성장한 것은 저희를 믿고 약품의 유통을 맡겨주신 수많은 약사님과 병의원 원장님, 종합병원의 관계자분, 그리고 제약회사의 관계자분 덕분입니다. 이 자리를 빌려 저희 모두를 대표해 감사드립니다.

다음으로 이 책의 스토리를 구성하는 데 도움을 주신 52여 명의 임직원분께도 심심한 감사의 마음을 전합니다. 바쁜 일과 중에도 여러 차례 집필진의 인터뷰에 흔쾌히 응해주셨다고 들었습니다. 여러분들의 진솔한 이야기가 없었더라면 이 책도 없었을 것이고, 태전의 성공도 없었을 것이라 굳게 믿습니다.

2024년 6월 태전그룹 회장 오영석 올림

머리말

 이 책은 우리가 공동으로 추진한 프로젝트의 결실이다. 프로젝트를 시작할 때 우리의 목적은 90년간 장수하는 강소 기업인 태전그룹의 경영 철학과 행동 원칙은 무엇이고, 그 철학과 원칙이 구성원들의 의사결정과 행동, 그리고 사고방식에 어떻게 반영되고 있는지를 구체적으로 밝혀내는 것이었다. 그리고 그 조사의 결과를 딱딱한 연구자의 언어가 아니라 일반인도 편하게 읽을 수 있는 문체로 표현하는 것을 목표로 삼았다. 왜냐하면 우리는 이 책의 주요 독자층을 세 집단, 즉 태전그룹 구성원과 그들의 가족, 그리고 오늘날의 태전이 있게 해준 은인(약사, 병의원 관계자 등)으로 정했기 때문이다.

 회사 홈페이지 첫 화면과 사무실 곳곳에 걸려 있는 액자 속에 고이 담겨 있는 경영철학이 아니라 구성원들이 업무를 추진하는 과정에서 겪었던 고민과 의사결정, 동료 직원과 고객과의 소통과 상호작용 속에서 생생하게 살아 숨 쉬는 경영 철학과 원칙을 찾아내기 위해 직원들과 심층 인터뷰를 진행하는 과정에서 새로운 목표가 떠올랐다. 인터뷰를 계속할수록 의약품 도매업이라는 업종에서 결코 흔치 않은 90년의 역사를 가진 태전그룹이 오늘날의 모습으로 성장하는 데 영향을 미친 요인들을 찾아내어 좀 더 체계적으로 설명해 보고 싶다는 사회과학 연구자로서의 지적 호기심이 일어난 것이다. 만약 우리가 이 작업에 성공한다면 학계의 동료 연구자들이 여러 가지 후속 연구를 할 수 있는 기초가 될 것이라는 부푼 기대도 있었다. 고심 끝에 우리는 '독자의 즐거움'과 '과학적 접근'이라는 두 마리 토끼 잡기에 도전하기로 했다.

'독자의 즐거움'이라는 첫 번째 토끼를 잡을 때 우리는 세 가지 원칙을 지키려고 노력했다.

첫째, 재미있게 쓰자. 그래서 우리는 스토리텔링 방식을 채택했다. 마찬가지로 이 취지에 따라 연혁이나 각종 수상 실적, 기념사진 등은 싣지 않았다. 그리고 연구자인 우리가 쓴 초고를 전문 작가에게 의뢰해 읽기 쉬운 문체로 다듬었다.

둘째, 직원들의 실제 경험과 육성을 담자. 이 취지에 따라 현재의 사장단과 고위 임원들, 창업자 오철환 회장과 오수웅 명예 회장의 이야기는 꼭 필요한 경우에만 언급했다. 왜냐하면 우리는 오늘날의 태전이 몇몇 사장단이나 임원들이 만든 것이 아니라 수많은 구성원이 모두 힘을 합해서 일구어낸 합작품이라고 굳게 믿기 때문이다.

셋째, 핵심에 집중하자. 90년이라는 긴 세월 동안 회사에서 일어났던 모든 의사결정에 영향을 미쳤던 수많은 원칙과 임기응변이 있었을 것이다. 그렇지만 우리는 인터뷰 과정에서 태전그룹을 다른 회사들과 확실하게 특징지을 수 있는 핵심가치에 집중하기로 했다. 독자 여러분이 이 책을 다 읽은 다음 책을 덮었을 때 그 핵심가치 하나는 확실하게 뇌리에 남을 수 있도록 하고 싶었다.

'과학적 접근'이라는 두 번째 토끼를 잡기 위해 우리는 질적 연구 방법을 채택했다. 구체적으로는 각 개인의 경험에 대한 깊이 있는 이해를 통해 전체적 통찰에 이르는 해석학적 현상학*Interpretative phenomenology* 방법론을 차용했다. A가 B에 미치는 영향이나 둘 간의 상관관계를 밝히는 데 주로 사용되는 양적 연구 방법으로는 우리의 연구 목적, 즉 '어떻게?'와 '왜?'라는 질문에 대한 답을 얻는 데 한계가 있었고, 실제 직원들이 경험한 조직을 이해하고 싶었기 때문이다. 또한 우리는 이 과정에서 엄격한 연구 절차를 따랐다. 예를 들어 모든 인터뷰를 녹음하여 전사(全寫)했으며, 문서화된 내용을 인터뷰 참가자들에게 공유하여 확인과 수정을 받아 내용의 정확도를 높였다. 윤형준 교수가 분석하여 생성한 코드에 대한 두 연구자의 의견 합치를 보는 유효성 검증, 기존 이론의 틀로 도출된 내용을 검토하는 이론적 검증도 실시했다. 책 내용에 대해 구성원들의 검토와 현장 전문가 검토 과정을 거치는 등 신뢰도와 타당도를 높이는 질적 연구 방법의 절차를 최대한 따랐으며, 실명이 거론되는 부분은 모두 해당 구성원의 동의를 받았다.

이 책은 크게 첫 번째 토끼에 해당하는 95%와 두 번째 토끼에 해당하는 5%로 구성되어 있다. 두 번째 토끼에 관한 내용은 책 속 부록에 해당하는 '돋보기 ❸ 윤과 봉의 대화: 숨은그림찾기'에 실려 있다.

첫 번째 토끼에 관한 내용은 다시 23편의 스토리와 두 개의 책 속 부록(돋보기 ❶, ❷)'으로 나뉜다. 직원들과의 인터뷰를 통해 얻은 23편의 스토리를 우리는 기승전결의 관점에서 다시 4개의 부로 나누고 각각에 대해 다음의 이름을 붙였다.

1부. TJ 1935 장수의 유전자, 자리이타
2부. 태전식 고객 섬김
3부. 태전인의 업무 처리
4부. 태전의 미래 개척

위 4개의 부에 넣기보다 따로 분류하는 것이 낫겠다고 판단한 6개의 스토리는 '[특별 코너] 회사 자랑 조금만 할게요'라는 다른 이름을 붙였다.

첫 번째 토끼의 내용에 해당하는 두 개의 책 속 부록은 '돋보기 ❶ 단골손님 많은 약국의 성공 요인'과 '돋보기 ❷ 태전의 핵심가치와 자리이타: 지렛대 효과'로 돋보기 ❶에서는 태전그룹의 주요 계열사인 티제이팜의 최우수 영업사원들과의 인터뷰 결과를 토대로 단골손님 많은 약국의 특징을 정리했다. 주제넘을 수 있겠지만 태전과 거래하는 약국에 단골손님이 많아졌으면 좋겠다는 모든 직원의 정성과 열망을 담아서 글을 썼다. **돋보기 ❷**에서는 태전그룹의 DNA라 할 수 있는 자리이타를 포함한 7가지 핵심가치를 다루었다. 이 책에 수록한 각 스토리 속에 자리이타와 6가지 핵심가치가 어떻게 작동하고 있는지를 설명했다.

　책을 쓰는 일은 언제나처럼 우리 둘만의 노력으로는 이루어질 수 없었다. 머리말이 길어지는 것을 피하기 위해 도움을 주신 분들에 대한 감사 인사는 맺음말에 싣기로 한다. 부디 우리의 졸작이 독자 여러분에게 재미와 의미를 선사할 수 있기를 희망한다.

2024년 6월 봉현철과 윤형준

차례

1부

TJ 1935 장수의 유전자, 자리이라

2부
태전식 고객 섬김

1부

TJ 1935
장수의 유전자,
자리이타

1부는 가볍게 시작하는 의미에서 하나의 스토리만 담았다. 스토리의 주인공은 태전그룹 부회장이자 주력 계열사인 티제이팜 CEO 오경석 부회장이다. 인복 터진 사람임을 자처한 그와의 인터뷰에서 태전이라는 회사 이름에 담긴 뜻과 태전그룹의 핵심가치인 '자리이타(自利利他)'의 의미를 확실하게 이해할 수 있었다. 인복이 터진 이유에 대한 그의 설명도 재미있었지만, 그의 비서인 공소현 대리의 증언을 통해 그가 이유 없이 인복을 받는 것이 아니라 스스로 지어서 받고 있음을 알게 된 것도 뜻깊었다.

저는 인복이 터진 사람입니다

포기하지 않는 한 실패하지 않은 것이다.

- 콘래드 힐튼

태전그룹 부회장이자 티제이팜 대표인 오경석 부회장과의 대화는 매번 유쾌하고 재미있었다. 복 중에 가장 중요한 복이라는 인복. 그는 스스로를 인복이 터졌다고 자신한다. 왜 그런 생각을 하게 되었는지 궁금했다.

"인복이 터졌다고 말하는 이유가 뭔가요? 구체적으로 말씀해 주실래요?"

태전그룹에는 오영석 회장이 대표로 있는 태전약품과 광주태전, 오경석 부회장이 대표로 있는 티제이팜이 있다. 이 세 회사는 활동하는 지역만 다를 뿐 업무는 거의 비슷하다. 오영석 회장이 대표인 티제이에이치씨*TJHC: Healthcare* 역시 업무의 성격은 비슷한데 주요 고객이 약국이 아니라 대형 병원이다. 태전그룹 계열사들의 마케팅과 신사업 발굴을 담당하는 회사는 오엔케이*ONK*와 에이오케이*AOK*이다.

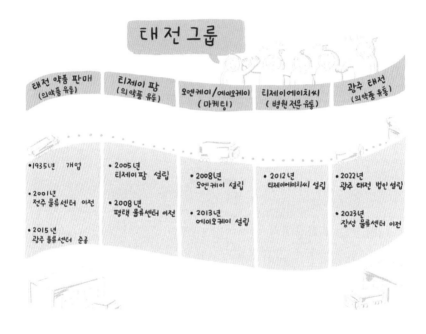

| 태전그룹의 주요 계열사 |

나의 질문에 오경석 부회장은 감사한 분들이 너무 많이 떠올라 몇몇 분만 짚어 말하기 힘들다고 하면서도 서두름 없이 그들을 소개해 나갔다.

영업 일선에서 약국과 병원을 누비며 고객을 위해 밤낮없이 노력하는 분들, 약국은 물론 10여 개가 넘는 온라인 쇼핑몰과 태전의 전용 쇼핑몰인 다람이몰 등으로 들어온 주문 내역을 꼼꼼히 관리하는 분들, 앞으로의 수요와 공급의 흐름을 예측해서 제약사에 주문을 넣는 분들, 약이 도착하면 이름과 수량을 정확하게 확인한 다음 정해진 자리에 적재하는 분들, 약국과 병원별로 주문한 약을 일련번호까지 확인해서 약국별 상자에 담고 세심한 손길로 포장하는 분들, 그 상자를 파손되지 않게 고이고이 각 약국에 신속·정확하게 배송해 주는 분들, 이 모든 일이 쉽고 정확하게 이루어질 수 있도록 전산 프로그램을 개발하고 관리해 주는 분들, 거래처에서 반품을 요청하거나 이런저런 문의가 오면 자기 일처럼 친절하게 처리해 주는 분들, 거래처와의 금전거래가 끝전까지 정확하게 이루어지도록 애쓰는 분들, 직원들의 급여, 인사, 교육, 복리후생 등을 꼼꼼히 챙겨주는 분들, 이 모든 일을 하는 직원들의 사정을 살피고 태전그룹이라는 큰 배가 순항하도록 솔선수범과 자리이타의 정신으로 리더십을 발휘하는 각급 리더들을 하나하나 짚어가며 그들이 얼마나 멋지게 일을 하고 있는지 매일 온몸으로 느끼고 있다고 했다. 그들과 함께 웃고 울며 쌓았던 추억이 너무 많아서 다 이야기할 순 없지만, 이 자리를 빌어 진심으로 고맙고 사랑한다고 말하고 싶다고도 했다.

이렇게 모든 직원을 기억하고 진심을 담아 '고맙다, 사랑한다'라고 이야기하는 오 부회장은 내 마음을 뭉클하게 했다.

"이분들을 일일이 열거하긴 어렵고 제가 초년병 때 경험했던 이야기 하나를 들려드릴게요. 저희 아버님(오수웅 명예 회장)이 현역일 때인데요. 아버님도 많은 분으로부터 '진짜 인복이 많은 사람이다'라는 말씀을 많이 들으셨어요. 그때 아버님 인복의 주인공이 5년여 전에 퇴임하신 나종만 부사장님입니다. 재무 담당 총괄 책임자셨는데 아버님은 그분께 그야말로 모든 걸 맡기셨어요. 회사 자산 관리뿐만 아니라 개인 재산 관리까지 모두요. 물론 최종 결정은 아버님이 하셨지만 항상 나 부사장님의 의견을 경청하셨어요.

티제이팜이 있는 이 평택 부지도 나 부사장님이 추천하신 거예요. 나 부사장님은 부동산 전문가는 아니지만 아버님이 워낙 신뢰하고 모든 문제를 상의하시니 기획개발업자 같은 부동산 전문가들도 말을 조심하더라고요. 모든 관리를 맡아서 하다 보니 전문가 수준까지 역량이 개발된 거죠. 굳이 비유하자면 우리가 자동차를 고치러 갈 때 자동차를 잘 아는 친구를 데리고 가잖아요. 그런 것처럼 아버님은 언제나 나 부사장님을 전적으로 신뢰하셨어요. 아버님과 나 부사장님을 보면서 제가 배운 건 '직원이 성장하려면 리더가 직원을 믿고 많은 권한을 주어야 한다'는 거였어요.

그분 말고도 아버님이 신뢰하는 분들이 참 많았는데요. 모두 회사를 위해 재능을 아끼지 않으셨어요. 그러니까 주위에서 오수웅 회장은 인복이 참 많다고 했죠. 아버님은 아마 할아버지께 배우셨을 테니 인복 터진 것도 유전이네요."

말은 유전이라 했지만, 그럼에도 오경석 부회장의 인복이 그냥 굴러온 건 분명 아닐 것이다. 복은 지어야 들어온다고 하지 않는가. 그에게 인복 짓는 비결을 물었다. 한참을 생각에 잠겼던 그가 말문을 열었다.

"제일 먼저 떠오르는 생각은 자리이타(自利利他)의 원리를 적용했기 때문이 아닐까 싶네요. 사실 아버님이 나종만 부사장님에게 모든 걸 맡기셨던 이유도 거기에 있었을 겁니다."

"자리이타요? 정확히 어떤 뜻이죠? 태전과는 특별한 인연이 있는 단어라고 들었어요."

"네 맞아요. 자리이타의 사전적인 의미는 나에게도 이롭고 다른 사람에게도 이롭다는 뜻이잖아요. 오수웅 회장님께서 나 부사장님에게 회사의 자산 관리를 맡긴 것이 자리이타의 전형이라고 할 수 있는데요. 아버님은 전문가인 나종만 부사장님에게 자산 관리를 맡김으로써 그 문제에 대해서는 신경을 쓰지 않고 회사의 다른 일에 더 많은 시간을 쏟을 수 있었을 테니 자신에게 이로운 일이 된 거고, 동시에 나 부사장님은 전적으로 자기 책임하에 일을 할 수 있었으니 최선을 다했겠죠. 그 과정에서 자연스럽게 부동산 전문가들도 눈치를 볼 정도로 전문 역량을 쌓게 된 거고요. 결국 두 사람 모두에게 이로운 일이 생긴 것이죠."

"그렇네요. 태전그룹의 발자취 속에 있던 실제 사례를 들려주니 명확하게 이해가 되네요."

"별말씀을요. 그런 전통이 이어져서 얼마 전 우리 회사는 직원들의 의견을 수렴해 자리이타를 태전의 7대 가치 중 핵심가치로 정했습니다. 자리이타는 비단 인복을 불러오는 것뿐 아니라 많은 국면에서 유용하게 쓰이는 업무처리 비결이에요. 앞으로 태전의 직원들과 인터뷰하다 보면 구체적인 사례를 많이 듣게 되실 겁니다. 그것만큼은 제가 장담할 수 있어요."

"그렇군요. 핵심가치라니 기억하겠습니다. 그럼 자리이타와 태전이라는 회사 이름과는 어떤 관계가 있는 거죠? 태전(太田)은 직역하면 '큰 밭'이라는 뜻 아닌가요?"

"다들 그렇게 말하더라고요. 그런데 우리 회사의 태(太)자는 '클 태'로 쓰이기도 하지만 '콩 태'자거든요. 서리태라는 콩 아시죠? 거기 '태'자가 콩이라는 뜻이에요."

"큰 밭이 아니라 콩밭이라 해도 그게 어떤 의미를 갖고 있는지 아직은 잘 모르겠는데요?"

"음, 그걸 이해하려면 콩이라는 작물의 특성을 알아야 해요. 저도 어른들께 들은 말씀이지만 콩은 뿌리를 내리고 자라면서 땅에 있는 영양분을 흡수하기도 하지만 그와 동시에 토양에 이로운 미생물을 배출합니다. 자신에게 이로운 양분을 흡수하는 동시에 자신을 자라게 해준 토양에도 이로운 행동을 하는 매우 특이한 작물인 거죠. 할아버님이신 오철환 창업 회장님께서 태전이라는 이름을 정하실 때 이 사실에 착안했던 거죠. 그래서 저희는 어렸을 때부터 '자리이타'라는 말과 '콩밭'이라는 회사 이름을 그냥 동일하게 여겼어요. 말하자면 우리 태전그룹은 콩이 잘 자라게 하는 밭인 거예요. 물도 주고 거름도 주고 잡초는 제거하면서 그렇게요. 태전그룹은 자리이타의 정신으로 사회에 기여하고, 우리 그룹의 모든 구성원은 자리이타 정신으로 자신도 위하는 동시에 다른 구성원에게 이로움을 주면서 일하는 그런 곳이 되고 싶은 거죠."

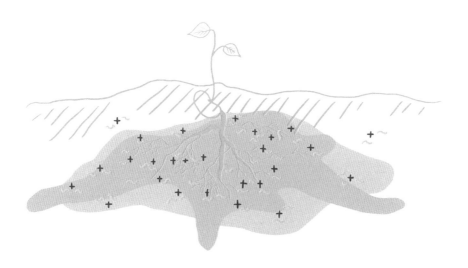

태전그룹의 자리이타 정신의 뿌리가 어디에서 비롯되었는지 비로소 그의 말을 통해 알 수 있었다. 그는 이어서 인복을 짓는 자기만의 두 번째 비결을 말하기 시작했다.

"이것도 아버님 영향을 받은 건데요. 저는 제가 참 많이 부족하다고 생각해요. 그러니까 직원들이 각 분야에서 저보다는 나아야 한다고 생각하죠. 그래서 틈만 나면 직원들에게 더 잘 알아서 저에게 가르쳐달라고 합니다. 수많은 업무에 대해 제가 다 베테랑이 될 수는 없으니까요."

오 부회장의 말처럼 리더라고 해서 다방면에서 잘하는 멀티플레이어가 되기란 쉽지 않다. 하지만 그렇다고 해서 자신의 한계를 알고 직원을 인정하는 마음을 갖기 또한 쉽지 않다. 지금까지 많은 CEO를 만나봤지만 오 부회장처럼 겸손한 리더는 흔치 않았다.

"저는 제가 상대를 믿고 있다는 사실을 상대도 정확하게 알도록 노력하긴 하는데, 사실 쉽지는 않아요. 교수님도 알다시피 우리나라 조직문화가, 특히 상사와 직원이 터놓고 이야기하는 문화는 아니잖아요. 그러다 보니 에둘러 표현하게 되고 거기서 괜한 오해도 생기고요. 그렇더라도 저는 그냥 솔직하고 담백하게 이야기합니다. 상대에게 권한을 많이 주고, 새로운 시도를 하도록 격려하고, 중간에 얼마든지 변경해도 된다고 안심시키죠. 소신 있게 일을 추진할 수 있도록 조직 분위기를 만드는 거예요."

그는 자리이타의 전통을 행동으로 실천하고 있었다. 상대를 믿고 소신 있게 일을 추진할 수 있도록 조직 분위기를 만드는 것 외에 인복을 짓는 또 다른 비결은 무엇일까? 더는 없다고 손사래를 치면서도 그는 자신의 속내를 조심스레 털어놓았다.

"여러 사람과 일을 하다 보면 소위 형평성이 중요하더라고요. 사람들은 자기가 보고 들은 걸 토대로 판단하잖아요. 그런데 회사는 많은 사람이 근무하다 보니 어떤 부서는 저와 가까운 곳에 있고 어떤 분들은 몇 달에 한 번 얼굴을 볼까 말까 하는 경우가 생기죠. 그래서 사람을 판단할 때 최대한 객관적이려고 노력해요. 제가 누군가를 편애한다고 느끼게 하면 구성원의 사기에 영향을 미치기 때문이죠.

같은 맥락에서 제가 아무래도 윗사람이다 보니 저는 편하게 말해도 임직원분들은 어렵게 받아들일 때가 있어요. 그래서 저는 어떤 이야기를 할 때 듣는 사람 입장에서 생각해요. 부서장들에게 말할 때도 '이 이야기를 듣는다면 나는 어떤 기분일까?'를 신경 쓰는 편이죠. 역지사지를 해보는 거예요. 그러다 보니 어떤 분들은 저와 소통하는 데 시간이 오래 걸린다고 하기도 하죠."

오 부회장과의 인터뷰를 마치고 원고를 정리하다가 문득 좋은 생각이 떠올랐다. 지근거리에서 오 부회장과 함께 근무하는 직원들은 그를 어떤 사람이라고 생각할까? 그의 역지사지는 혼자만의 생각일까? 아니면 주변 사람들도 그렇게 생각할까? 다른 사람들도 그가 인복이 있다고 여길까? 그렇다면 그 이유는 뭐라고 생각할까?

이런 이야기를 해줄 수 있는 적임자로 떠오른 인물이 있다. 오 부회장을 만나러 갈 때마다 밝게 웃으며 맞아주던 오 부회장의 비서이자 경영지원팀의 핵심 인물인 공소현 대리. 쾌활하고 명랑한 공 대리에게 인터뷰를 제안했더니 그도 흔쾌히 응해주었다.

"평소 부회장님은 저에게 차를 부탁하는 일이 전혀 없으세요. 거의 모든 일을 스스로 하시죠. 저는 손님이 오셨을 때나 다과를 준비해 드려요. 또 부회장님은 모든 직원에게 존댓말을 쓰세요. 나이, 직급, 성별 상관없이 모두에게요."

오 부회장이 직원을 생각하는 구체적인 에피소드를 들려달라고 하자 공 대리는 기다렸다는 듯이 말을 이었다.

"저는 10여 년 전에 입사해서 사내 결혼하고 아이를 둘 낳았어요. 두 번이나 육아휴직을 했죠. 그런데 부회장님은 그때마다 '나도 맞벌이라 육아의 고충을 잘 안다'면서 출산이나 육아휴직에 대해 전혀 눈치를 주지 않으셨어요. 저는 요즘 아이들 때문에 9시에 출근하고 오후 4시에 퇴근해요. 부회장님을 수행하는 비서라 조기퇴근 제도를 곧이곧대로 신청하기가 조심스러워 직접 찾아뵙고 말씀드렸더니 '회사 제도니까 그냥 사용하면 된다'고 하셨어요.

실은 지금까지 부회장님께는 말씀드리지 못한 비밀이 하나 있는데요. 제가 결혼하기 전이니까 9년쯤 전 일이에요. 제가 술을 좀 좋아하는 편이거든요. 그 전날 술이 좀 과했는지 아침에 너무 늦게 일어난 거예요. 그날따라 제가 꼭 챙겨야 할 중요한 회의가 있었는데 그야말로 눈앞이 캄캄해졌죠. 아무리 생각해도 회의 시간까지 못 도착할 것 같아 거짓말을 했어요. 몸이 아파 병원에 있다고요. 부회장님이 주재하시는 회의였는데, 회의가 끝날 시간에 저희 팀 이사님이 전화를 하셨어요. 많이 아프냐고, 병원이 어디냐고, 부회장님이 꼭 병문안하고 오라고 하셨다는 거예요. 저는 '아니에요, 이제 링거 다 맞아서 가도 된대요. 얼른 준비하고 갈게요' 하고 부리나케 회사에 왔죠. 제 바로 옆자리에 언니 동생 하며 지내는 직원이 있었는데 지금도 종종 놀려요. '그때 언니 연기 역대급이었다'고요. 부회장님의 진심 어린 걱정을 거짓말로 받아 내내 죄송했어요. 지금도 직원들이 아파서 결근하면 부회장님이 꼭 총무팀 이사님이나 부서장에게 병문안 다녀오라고 말씀하세요. 회사 일보다 직원의 건강을 먼저 생각해 주는 마음을 저는 항상 가까이에서 느끼고 있어요."

오 부회장의 미담은 끝이 없을 듯했다. 공 대리는 계속해서 이야기를 이어 나갔다.

"부회장님은 직원들 애경사 중 직원 결혼식과 부모상에는 꼭 직접 가세요. 해외에 있거나 피치 못할 일이 생기면 어쩔 수 없지만 그 외에는 무조건 참석하시죠. 최근 한 직원의 부친상이 있었는데 사내 소통 시스템이 바뀌면서 공지를 놓치셨나 보더라고요. 그 직원의 부친상에 못 가신 걸 내내 마음 쓰셨어요."

끝없이 이야기할 것 같은 공 대리에겐 정말 미안했지만 나는 시간 관계상 인터뷰를 접어야 했다. 자리에서 일어나면서 나는 공 대리와 인터뷰하길 잘했다고 생각했다. '자리이타'라는 단어가 태전 그룹 구성원에게 갖는 의미와 태전이라는 이름의 유래까지 듣고 나니 오 부회장이 왜 그렇게 인복이 많은지 더 명확해졌다. 오 부회장은 유전으로 복을 받은 것이 아니라 직접 지어서 받고 있다는 사실도 분명해진 셈이었다.

태전식
고객 섬김

2부에서는 비슷하지만 상당히 다른 두 개의 고객집단, 즉 약국과 종합병원이라는 고객과 어떤 관계를 맺고 있고, 이들의 편리와 만족을 위해 어떤 노력을 하고 있는지를 상세히 담았다. 20~30년 전 영업 일선에서 혁혁한 성과를 내고 이제는 임원진으로 승진해 태전이라는 큰 배를 진두지휘하는 레전드들의 이야기도 있고, 아직은 과장, 차장이지만 머지 않은 장래에 이들의 뒤를 이어갈 젊은 직원들의 이야기도 있다.

영업사원의 이야기, 물류창고에서 약의 포장을 담당하는 직원의 이야기, 포장된 약을 약국과 병원으로 배송하는 부서의 이야기, 배송 이후에 생기는 각종 AS를 담당하는 젊은 팀장의 이야기 등 회사의 핵심가치인 자리이타를 기반으로 고객과 탄탄한 신뢰를 구축해 온 이들의 스토리는 때로는 코끝 찡한 감동을, 때로는 고개가 숙여지는 존경심을 자아낼 만하다.

500원짜리 염색약도
누군가에게는

작은 기회로부터 종종 위대한 업적이 시작된다.
- 데모스테네스

"500원짜리 염색약이요? 그렇게 싼 염색약이 있나요?" 문외한인 나는 박현숙 대리를 만나자마자 어리석은 질문을 던졌다.

"저도 선배님들에게 들은 이야기인데요. 예전에는 염색약이 500원이었던 시절도 있었나 봐요. 그 염색약을 주문하신 분이 예를 들어 손녀를 만나러 가려는 할머니인데 우리가 만약 약을 포장하는 과정에서 염색약을 깜빡하고 못 보내면(미송), 또는 다른 곳으로 보내는 실수를 하면(오송), 할머니는 손녀에게 예쁘게 보이고 싶은 마음을 이루지 못하는 거잖아요. 이는 물류센터에서 약을 포장할 때 직원들의 마음을 담은 아주 오래된 이야기예요. 우리는 모두 그 이야기를 알고 있어요."

아, 감탄사가 절로 나왔다. 2008년부터 만 15년 넘게 현장을 묵묵히 지켜온 이답게 박 대리는 티제이팜 물류센터의 핵심을 차분히 짚어주었다.

미송(未送, 약이 제때 배달되지 않는 경우)과 오송(誤送, 약이 다른 곳으로 배송되는 경우)이 적기로 유명한 티제이팜 물류센터의 비결은 이 500원짜리 염색약 이야기를 통해 알 수 있다. 1시간 넘게 나눈 대화를 정리하면서 나는 대화에서 보였던 박 대리의 리더십을 '큰언니 리더십'이라 부르기로 했다. 그림으로 요약하면 다음과 같다.

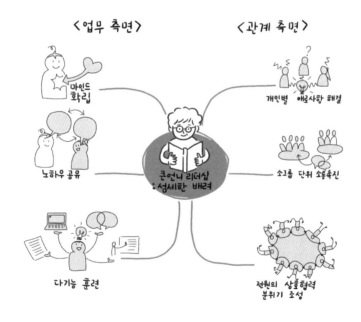

"다른 직장인도 마찬가지겠지만 직장생활도 결국 사람과의 관계 속에서 이루어지는 거잖아요. 오송과 미송을 줄이는 것도 마찬가지예요. 아까 말씀드린 500원짜리 염색약 이야기는 우리 센터에서만 매일 2,000개가 넘는 약국에 약을 보낼 때 가지는 마음가짐이에요. 오송과 미송을 줄이려는 마음으로 약을 포장하는 것은 물론 저는 상자를 열었을 때 단정하게 보이도록 하자고 강조하고 있어요. 상자를 가장 먼저 열어보는 분은 약사님이니까요. 예를 들어 작은 크기의 약들은 고무줄로 잘 묶어 나란히 놓아주고, 안전 캡_{cap}이 없는 물약이나 에탄올 같은 소독용 제품은 비닐봉지에 한 번 더 넣어 묶어줘요. 배송 과정에서 용액이 새어 나오면 그 안에 있는 모든 약이 젖어버리니까요. 그런 일이 발생하여 반품이 들어오면 회사도 손해지만, 오늘 꼭 필요한 환자에게 약이 도착하지 않을 수도 있는 거라고 말해주고 있어요."

이야기를 들으면서 나는 직원들을 만나보면 '자리이타'에 대해 더 잘 알게 될 거라는 오경석 부회장의 말을 이해할 수 있었다.

"저는 물류센터의 왕언니로서 신입사원이 들어왔을 때 교육도 하지만 자리 배치할 때도 심사숙고해요. 물류센터 총책임자인 최용석 부장님은 제 의견을 존중해서 신입사원들의 자리를 배치해 주세요. 자리를 배치할 때 가장 기본은 고참 사원 옆에 신입사원을 배치해서 보고 배울 수 있게 하는 거예요. 이때 고참 사원에게 당부하는 것이 있어요. '신입이 어떻게 일하는지 봐주고 무엇이 필요한지 챙겨주세요. 신입이 실수했을 때 지적하기보다 조용히 잘못 들어간 약품을 바꿔주세요. 업무가 익숙하지 않을 테니 여러 번 질문하더라도 숙지할 때까진 처음 말해주듯 설명해 주세요.'라고 말입니다. 신입에게는 '일을 빨리하는 게 중요한 게 아니라 정확히 하는 게 중요하다. 하다 보면 익숙해지니까 서두르지 말고 천천히 배워라. 고참이 어떻게 일하는지 잘 보고 모르는 게 있으면 언제든지 물어봐라.'라고 말해요. 신입사원들은 업무에도 익숙해져야 하지만 조직 분위기에 익숙해져야 해요. 그들이 잘 적응하는지 못하는지는 고참의 책임이라고 생각해요."

큰언니의 세심한 배려와 내공 깊은 고수의 경지가 느껴지는 말이었다. 나는 비슷한 작업을 매일 반복하는 이 일이 지루하진 않을까 싶었는데, 이에 대해 박 대리는 이렇게 말했다.

"교수님도 보셨겠지만 저희 현장은 각 약국으로 가야 할 약을 자동화 설비로 분류하고 있잖아요. 그런데 이 기계가 사람보다 못할 때가 있어요."

"자체 프로그램을 개발해서 쓰고 있다는 소터*Sorter* 말인가요. 그때 직원들의 전문성이 발휘되는 거군요!"

"맞아요. 예를 들면 소터가 코너를 돌 때 무거운 약들이 원심력에 의해서 슈트*chute* 밖으로 튕겨 나가기도 하고요. 소터의 진동 때문에 고무밴드가 바구니 벽을 타고 위로 올라가 밴드에 묶여 있어야 할 약들이 엉뚱한 데 떨어지기도 해요. 이런 일이 발생하면 마지막 단계에서 PDA로 검품하는 직원들이 없어진 약을 찾아달라고 경력자에게 도움을 구하러 오거든요. 경력자들은 무슨 약인지 말만 들어도 그 약들이 공정상 어디쯤 떨어져 있다는 것을 알아요. 가보면 어김없이 거기 있죠. 느낌적인 느낌이라고나 할까요. 물론 찾아내지 못할 때도 있지만 그때는 통제실 CCTV를 함께 확인하면서 학습을 하죠. 비슷한 상황이 발생했을 때 쉽게 오류를 찾아낼 수 있도록 이요."

박 대리의 이야기를 들으면서 물류센터의 일이 단순 반복 작업이 아니라고 단언하는 이유를 확실히 알게 되었다. 오히려 예상치 못한 오류에 대처할 수 있는, 수치화할 수 없는 일들을 하면서 재미를 느끼진 않을까 하는 생각도 들었다. 이어서 물류센터의 비결 중 하나인 '다기능 훈련'에 관해 물었다.

"저희 작업 프로세스는 총 네 단계를 거치는데요. 첫 번째는 '피킹*Picking*'이에요. 약국에서 주문한 특정 약을 진열대에서 찾아 그 시간대에 주문이 들어온 양만큼 팔레트에 담는 작업을 해요. 두 번째는 팔레트에 담긴 약을 약국별로 옮겨 담고요. 세 번째는 같은 약국으로 가야 할 서로 다른 약들의 일련번호를 PDA로 스캔하는 작업을 합니다. 마지막 네 번째 단계에서는 그 약들을 약국별 상자에 담죠.

이렇게 네 가지 각기 다른 작업을 가끔 자리를 바꿔가면서 해요. 그래야 다른 사람이 어떤 일을 하는지 알 수 있고, 내가 하는 일 다음 공정이 편해지려면 자신이 어떤 식으로 일을 해야 하는지 깨우칠 수 있거든요. 역지사지를 경험하도록 하는 거죠. 그렇게 해서 직원들이 어떤 일이든 할 수 있게 되면 또 다른 장점이 생겨요. 우리는 주부 사원이 많거든요. 아무래도 가사를 돌보다 보면 이런저런 사정으로 결원이 생기곤 하는데 직원 모두가 여러 가지 일을 할 줄 아니까 그 자리를 메우기가 훨씬 쉽죠."

이 또한 자리이타의 또 다른 사례였다. 이들은 자동화 설비인 소터가 쏟아내는 소음 속에서 손바닥보다 작은 소포장 박스에 눈에 잘 보이지도 않을 만큼 작은 글씨로 인쇄된 일련번호까지 챙겨야 하는 정밀한 작업을 종일 서서 반복하고 있었다. 과연 이들이 오송과 미송을 최소화하기 위해 최선을 다하는 그 힘과 정성은 어디서 나오는 걸까? 마인드를 심어주고 노하우를 알려주고 여러 가지 업무를 경험하게 해준다고 해서 생길까? 박 대리는 그렇지 않다고 잘라 말했다.

"그렇게 간단하면 누구나 하게요? 제가 제일 신경 쓰는 부분은 개인적인 고충을 해결해 주는 거예요. 예를 들어 허리나 다리가 아파서 계단을 오르내리는 게 불편할 수도 있고, 아이나 노모가 갑자기 아파 병원에 모시고 가야 하는 경우도 생기죠. 인원이 70명이나 되다 보니 본인이 아파서 휴가를 쓰거나 가족 중에 누가 수술을 해야 해서 한두 달 쉬어야 한다거나 하는 일이 자주 생겨요. 그런 일이 있으면 되도록 미리 이야기해 달라고 당부해요. 그리고 애로사항을 알게 되면 제 선에서 해결할 수 있는 건 제가 하고, 최 부장님과 상의해야 하는 사안이면 의논하죠. 그러면 부장님이 대부분 해결해 주세요. 우리는 농담으로라도 '몸 아프면 그만두지 그래?' 하는 식의 말은 절대 입에 담지 않아요. 절대로요."

"저만의 노하우랄까 하는 것도 있어요. 저희는 두 개 조로 구성되어 있는데요. 아침에 출근해서 오후에 퇴근하는 조와 오후 1시에 출근해서 9시까지 일하는 조입니다. 오전 오후 각각 30여 명씩, 70여 명이나 되는 인원이 모두 친하게 지내기란 불가능해요. 그래서 저는 '성향이 비슷한 사람끼리 잘 지내고 성향이 다른 사람들은 존중해 주자'고 하죠. 차 한 잔하면서 담소를 나누는 걸 좋아하는 사람들, 야외로 놀러 가는 걸 좋아하는 사람들, 술자리를 즐기는 사람들. 이런 식으로 나눠보면 대개 7~8명 정도의 소그룹이 돼요. 7~8명이 호흡을 맞추는 것은 30명 또는 70명 전체를 움직이는 것보단 아무래도 쉽죠. 깊은 이야기를 나누기도 수월하고요.

성향을 참고하는 건 업무에도 적용이 돼요. 예를 들어 자리 배치를 할 때 성격이 강해 보이는 사람은 포용력이 있는 사람 옆에 배치하고, 업무처리가 늦는 사람은 숙련된 사람 옆에 배치하고요. 이게 이제는 어느 정도 보이더라고요."

또 한 번 큰언니의 세심한 배려를 엿볼 수 있는 대목이었다.

　"마지막으로 70명 모두에게 기회가 있을 때마다 우리는 같은 배를 탄 식구라고 강조하고 있어요. '우리 중 누구라도 갑자기 아플 수 있고 집안에 일이 생길 수 있다. 업무 때문에 이런저런 갈등도 생길 수도 있다. 그런데 그건 업무일 뿐이다. 업무 때문에 생기는 문제는 어떻게든 해결해 주겠다. 그것 때문에 마음에 상처를 주거나 받지 말자'고 합니다. 대부분은 사람한테 상처받고 관계가 힘들어 일터를 떠나잖아요. 우리는 사람 때문에 회사를 그만두지 말자는 거죠."

　그래서인지 이곳 티제이팜은 장기근속자가 많다. 사람이 중심이 되는 회사! 일을 중요하게 여기는 게 당연한 사회 분위기에서 일보다 사람을 중시하는 것은 자칫 비효율적으로 보일지도 모르겠다. 하지만 사람을 중심에 두면 일의 효율은 절로 따라온다. 박 대리의 이야기를 통해 이를 여실히 느낄 수 있었다.

세 가지 반품 모두
한 박스에 담아 보내주세요

친절한 마음가짐의 원리, 타인에 대한 존경은
처세법의 제1조건이다.
- H.F 아미엘

티제이팜 평택 물류센터의 영업지원팀에서 11년째 근무하는 이혜주 과장은 고객의 전화 문의 응대와 쇼핑몰 관리, 영업사원 지원 등이 주요 업무이다.

그녀가 꼽은 티제이팜 영업지원팀만의 비결은 첫째가 '원스톱One Stop 서비스 제공'이었다. 고객이 요청사항이 있을 때 고객 입장에서 겪을 수 있는 번거로움을 영업지원팀이 담당함으로써 고객만족도를 높이고 다른 팀의 업무 효율성을 높이는 방법이다.

예를 들어 유효기간, 반품, 약가 인하 등에 대해 문의하는 전화를 받으면, 이 회사 콜센터 직원들은 해당 부서 담당자에게 연결하는 것이 아니라 일단 문의 사항을 모두 받아 적는다. 그런 다음 그에 대한 답을 해줄 수 있는 업무 부서에 연락해서 답을 모은 후, 문의했던 고객에게 다시 전화를 걸어 알려준다. A약품의 유효기간은 A약품 담당 직원이 일하는 물류창고로 직접 찾아가서 알아 오고, B약품 입고 일자는 입고 스케줄을 제일 잘 아는 영업 부서의 B약품 담당자에게 사내 메신저를 통해 알아본 다음 A약품과 B약품의 내용을 취합해 전화를 걸어온 고객에게 알려주는 것이다. 이렇게 하면 여러 부서에 전화를 해야 알 수 있는 고객의 번거로움을 줄여줄 수 있다.

한 번에 열 가지 이상의 약품에 대해 유효기간과 입고 일자 등을 문의하는 약사도 꽤 자주 있다. 그런 경우에도 해당 약품을 취급하는 담당자가 몇 명이든 직접 찾아가 고객(약사)이 원하는 답을 얻은 다음 신속하게 답변을 드린다. 자주 있는 일은 아니지만 답변하는 동안 또 다른 요청사항이 생기더라도 위의 과정을 반복한다.

콜센터로 전화했을 때 담당 부서로 연결해 주고, 한참을 기다렸다가 간신히 통화가 되었는데, 또다시 다른 부서로 연결해 주는 일을 반복하다가 결국 일을 처리하지 못한 경험이 있는 사람이라면 태전의 원스톱 서비스가 갖는 장점을 잘 이해할 것이다.

"약사님의 전화를 해당 부서에 연결할 경우 얼마나 불편해할지 잘 알고 있어요. 마찬가지로 우리 회사 직원들도 얼마나 바쁜지 잘 알고 있죠. 그래서 중간자 역할을 하는 거예요. 당연한 거 아닌가요?"

영업지원팀은 고객의 불편사항을 회사 전산팀에 이야기해 전산 시스템을 보완함으로써 고객에게 편의를 제공한 일도 많았다. 예를 들어 한 약사님이 전화로 이것저것 요청했는데, 아무리 잘 메모해 두었다 해도 놓칠 수가 있다. 약사님도 바쁘다 보니 그 내용을 정확하게 기억하지 못하는 경우도 종종 생긴다. 이런 불편을 없애기 위해 이 과장 팀은 전산팀에 이야기해서 통화 내용을 녹음할 뿐만 아니라, 고객센터 직원이 해당 약사님의 파일에 요청사항과 약속사항을 기록해 두어 언제든 확인할 수 있게 시스템을 보완했다. 이를 통해 고객이 요청사항을 꾸준히 관리하고 데이터화하여 서비스 시스템을 개선하기도 했다.

반품할 때도 고객의 수고를 덜기 위해 노력한다. 예를 들어 약국 약사님이 각기 다른 쇼핑몰에서 구입한 D, E, F라는 약을 반품하고 싶다고 했을 때, 원칙상으로는 D, E, F를 각기 다른 상자에 담아 반품받아야 한다. 하지만 이 과장과 팀원들은 "저희가 택배 기사님을 보내드릴 테니 D, E, F를 한 상자에 담아 보내주시되, 각각의 쇼핑몰 이름을 표시해 주세요. 저희가 해당 쇼핑몰로 반품 처리해 드릴게요."라고 안내한다. 약사님 입장에서는 택배비도 줄이고 D, E, F 세 가지 약품을 따로 포장해야 하는 수고도 줄일 수 있으니 고마운 일이 아닐 수 없다. 사실 태전 입장에서도 세 개의 상자를 일일이 개봉해야 하는 수고를 줄일 수 있으니 그야말로 원원Win-Win, 태전 용어로 '자리이타'인 셈이다.

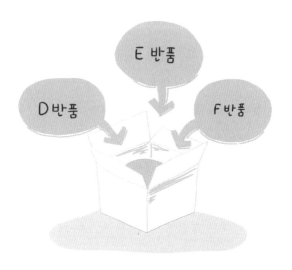

두 번째 비결은 '항상 고객의 입장에서 생각하기'이다. 어떤 상황이 벌어졌을 때 어떤 가치를 우위에 두느냐에 따라 의사결정이 달라지기 마련이며 그 결정이 모여 회사의 가치가 만들어진다. 이러한 측면에서 보면 이 과장의 '고객 우선' 가치관의 의의는 매우 크다고 할 수 있다.

예를 들어 티제이팜은 환경보호와 원가 절감을 위해 재활용 플라스틱 박스로 약을 출고한다. 그런데 티제이팜을 가끔 이용하는 약국이나 도서, 산간 지역에서는 박스 회수가 어렵고, 약사들도 박스 보관을 위한 공간이 필요해서 불편하다고 했다. 그래서 약국이 요청하면 일회용 종이박스로 나갈 수 있도록 개선했다. 재활용 플라스틱 박스를 사용하는 것이 회사의 기본 방침이더라도 고객의 상황을 반영하여 유연하게 서비스를 제공하는 것의 중요성을 아는 이 과장의 지혜가 발휘되는 순간이었다.

또 다른 예로 평택 물류센터 가까이 위치한 약국에서 급하게 약이 필요하다며 고객센터에 문의한 일이 있었다. 쇼핑몰에 주문이 들어오면 보통은 다음 날 배송이 시작되고, 일괄적인 약품 발송 시간이 지난 경우에는 그다음 날에야 배송이 이루어진다. 그런데 약이 급하다고 하니 고객센터 직원이 창고에서 약을 가져다 놓고 약사님이 물류센터로 오셔서 가져가도록 조치했다. 고객센터 직원들의 수고가 더해지긴 했지만 해당 약을 급하게 필요로 하는 환자에게 빨리 전달되게 하려는 마음으로 기꺼이 한 서비스였다.

'고객 지향'이라는 가치를 실천하기 위해 이 과장이 팀원에게 당부하는 것이 있다. "우리가 아는 지식을 우리의 언어로 설명하지 말고 고객이 아는 언어로 설명하라."는 것이다. 고객이 주문한 약이 언제쯤 배송될지를 물었을 때 "그 약은 지금 막 차수가 돌아가서 곧 배송될 겁니다."라고 하는 것이 아니라 "물류 작업이 방금 끝나서 곧 배송될 겁니다."라고 안내하라는 것이다. 회사 내부에 있다 보면 회사에서 사용하는 용어에 익숙해지는데 항상 고객 입장에서 생각하는 태도를 잃지 않아야 한다는 것이다.

세 번째 비결은 '언제든 친절을 잃지 않기'이다. 고객의 요청은 매우 다양하며 가끔은 무리한 요청도 들어온다. 하지만 아무리 어려운 요청이라도 최선을 다하는 태도로 일하자는 것이다. 한번은 이틀 뒤에 해외로 나가는 고객이 약을 주문했는데 택배사의 배송 지연으로 제때 받지 못하게 될 처지였다. 사실 이는 티제이팜의 과실은 아니다. 하지만 고객의 상황이 너무 난처했던지라 이 과장은 택배사에서 이동 중인 물건은 반품 처리하고, 새로 물건을 출고하여 우체국에 가서 다시 발송해 드렸다. 이 과정에서 택배비를 사비로 지출하기도 하고 초보운전일 때라 주차하는 데 애를 먹기도 했지만 고객 중심의 가치관이 확고했던 이 과장은 당연한 선택이었다고 했다.

비슷한 약 이름이 많아서 잘못 주문하는 고객도 종종 있다. 어느 날은 택배 발송이 끝난 상태에서 약사 한 분이 전화를 걸어와 약을 잘못 주문했다며, 급한 약인데 어떡하면 좋냐고 사정했다. 새로 약을 보내기 위해 퀵서비스를 알아보는 등 정말 분주하게 움직였지만 약사님이 원하는 시간에는 약을 받아보기 어려운 상황이었다. 이 문제를 어떻게든 해결해 보려고 방법을 찾다가 마침 해당 지역에 있는 타 업체가 당일 배송을 한다고 해서 그쪽으로 주문을 안내했던 경험도 있다. 태전으로서는 이미 발송한 택배를 회수해야 하고 타 업체에 주문이 이루어졌으므로 손해였지만 고객의 어려움을 함께 해결한다는 생각으로 일을 처리했던 것이다.

이혜주 과장의 이야기를 들으며 영업지원팀에서 애쓴 11년간의 노력이 고객에게 감동의 결실로 맺히고 있음을 확인할 수 있었다. 그리고 '원스톱 서비스', '항상 고객 입장에서 생각하기', '언제든 친절 잃지 않기'를 실천하며 더욱 여유로워진 모습을 보면서 자리이타의 실천이 가져다준 선물이 아닌가 하는 생각을 하게 되었다.

약가 인하 반품,
우리는 현장에서 해결했죠

당신이 무엇을 하는지와 당신이 하는 일에
열정을 가져야 하는 것을 모르면,
당신에게는 진정한 성공도 없을 것입니다.

- 빌 게이츠

입사한 지 20년 차인 박형남 차장은 태전의 용어로 '제3세대 영업사원'이다. 태전약품 사무실에서 그를 만나 간단히 인사를 건네곤 바로 질문을 던졌다.

"약가 인하 반품 때문에 태전의 인기가 치솟았다면서요?"

전산팀이 공들여 개발했다는 휴대폰 단말기의 스캔 기능과 자동 처리 기능이 현장에서 진짜 효과를 발휘하고 있는지 약간은 호기심이 어린 질문이었다. 인기가 치솟았다기보단 약사님들이 많이 좋아했다며 겸손하게 말문을 연 박 차장은 바로 이틀 전의 일을 들려주었다.

8월 20일 건강보험심사평가원이 수천 품목의 약값을 9월 5일 자로 다시 한번 인하하겠다고 발표하자 도매업체들은 8월 29일부터 해당 약품을 수거했다. 비교적 작은 규모인 A약국도 해당되는 약만 300여 가지였다. 그리고 8월 30일부터, 그러니까 해당 약품이 수거된 다음 날부터 해당 약품을 다시 공급받는 날인 9월 5일까지 약 일주일 동안은 그 약들이 들어간 처방전을 가지고 온 환자들을 돌려보내야 했다.

"그런데 우리 태전은 약국 진열장을 휴대폰으로 스캔해서 우리가 공급한 약인지만 확인되면 자동으로 처리했어요. 약국에서 포장하기, 회사로 수거해 오기, 회사 창고에 재진열하기, 인하된 가격만큼의 비용 정산하기, 약국이 회사로 재주문하기, 창고에서 재포장해서 재배송하기, 약국 진열대에 재진열하기 등의 모든 작업이 없어졌으니 해당 업무 담당자와 약사님들이 얼마나 편하게 느꼈겠습니까? 그야말로 상부상조, 태전 용어로 자리이타였죠."

약가 인하에 이렇듯 간편하게 대응할 수 있었던 것은 비단 시스템 개발 덕분만은 아니었다. 영업사원과 약사 간의 신뢰가 있었기에 새로운 상황에 처했을 때 믿고 맡겼던 것이다. 박 차장에게 약사와의 관계에서 중요한 것이 무엇인지 묻자, 그간의 일을 곰곰이 돌아보더니 하나씩 이야기를 들려주었다. 그중 가장 먼저 꼽은 비결은 '고객에게 실질적 도움이 되는 아이디어 제공하기'였다.

"입사 때부터 선배들이 약사님과 관계를 맺는 가장 좋은 방법은 실질적인 도움을 주는 것이라는 걸 몸소 보여줬어요. 그래서 저도 당연히 그렇게 해야 하는 것으로 알고 있죠."

다만 드링크제에 피로회복제를 끼워 파는 방법을 귀띔했던 시절과는 상황이 많이 달라졌다고 강조했다. 이어지는 그의 설명은 시대가 변하고 고객의 니즈가 달라짐에 따라 태전 영업사원들도 진화·발전하고 있음을 느끼기에 충분했다. 그렇다면 현재의 영업사원들은 어떤 방법으로 고객인 약사에게 실질적 도움을 주고 있을까? 그가 사용하고 있다는 방법은 한마디로 '계절상품 판매 촉진을 위한 정보와 도구 제공'이었다.

"편의점에 가보면 특별 할인 상품을 눈에 띄기 쉬운 위치에 진열하잖아요. 시시때때로 상품이 바뀌니까 뭔가 살아 움직이는 점포라는 생각이 들더라고요. 거기서 아이디어를 얻었죠."

추석이 다가오면 고향에 계신 부모님께 드릴 선물로 태반 제품이나 홍삼 제품을 눈에 띄는 위치에 진열하고 선물하기 좋게 예쁜 포장지와 쇼핑백도 준비하게 한다. '고향 잘 다녀오세요! 효도하시고 행복하세요!'라는 문구도 잊지 않는다. 여름에는 다한증 치료제나 제모 크림을, 겨울에는 핫팩 등을 눈에 잘 띄는 위치에 진열하게 한다. 해외여행 시즌이 되면 해외여행 상비약 키트를 판매하도록 권유한다. 해열 진통제와 소화제 등 기본적인 약을 넣어두고 안내 문구에 손님이 평소에 꼭 필요로 하는 약, 예를 들어 멀미약이나 알레르기 관련 약을 따로 챙기도록 알려주는 센스 또한 잊지 않는다. 안내 문구를 담은 POP는 제약회사가 공급한 것을 그대로 전달하기도 하고, 제공하지 않는 약은 박 차장이 직접 만든다고도 했다.

"저는 디자이너가 아니라서 예쁘게 만들지는 못하지만 기본 정보를 전달하면 되잖아요. 회사에 코팅기가 있으니까 A4 크기로 간단히 만들어 코팅까지 해다 드리면 약사님들이 고맙다고 하세요. 물론 정보를 전달할 때 우리 회사 선배님들이 알려주신 유의사항을 절대 잊지는 않아요. 약사님에게 말할 때는 조언이나 충고하는 느낌이 들어선 안 된다. '다른 약국에 가보니 이렇게 했더라고요.' 하며 지나가는 말처럼 전달해야 한다고 배웠거든요."

약국은 매출이 오르고 이미지가 좋아져서 좋고, 추석 때 홍삼을 들고 고향에 가는 손님들은 효자 효녀가 되어서 좋고, 해외여행 갈 때 상비약 키트를 사서 가는 손님은 고민할 시간을 절약해서 좋고, 태전 직원들은 약사에게 좋은 인상을 주어서 좋고, 그야말로 '자리이타 제곱의 제곱'이 아닌가. 여기에 그 특별 판매 약들을 태전이 공급한 것이라면 금상첨화일 것이다.

박형남 차장의 이야기를 통해 자리이타의 원리가 영업 현장에서도 훌륭하게 기능하고 있음을 알 수 있었다.

저도 약사인데
반려동물은 안 키워봤어요

지금 이 순간 최선의 노력은
당신을 다음 순간에 최고의 위치로 올려놓는다.
- 오프라 윈프리

────

에이오케이는 2022년 약국 대상으로 펫코팜이라는 반려동물 브랜드관을 운영하기 시작했다. 인체용 의약품 도매업체로서는 이례적으로 인체약과 동물약을 함께 취급한 것이다. 국내 반려동물 의약품 시장은 2021년 기준으로 1,500억 원이었는데, 연평균 4.3%씩 증가하는 추세이며 국내 반려동물 전체 시장 규모는 2027년까지 약 6조 원으로 확대될 것이 전망된다. 반려동물 관련 시장이 확대된 만큼 동물약국 역시 급성장한 모습이다. 2019년 5,800곳이던 동물약국은 2023년 3월 기준 1만 200곳으로 두 배 가까이 증가한 것으로 나타났다. 전국 약국 두 곳 중 한 곳에서 동물약을 취급하고 있는 것이다. 이만하면 미래를 대비하기로 정평 난 태전그룹이 미래

사업으로 눈독을 들이기에 충분해 보였다.

지수연 약사는 에이오케이가 야심 차게 추진하는 반려동물 비즈니스의 최전방에서 새로운 시장을 개척하는 선구자 중 한 사람이다. 뛰어난 유머 감각과 강인한 추진력의 소유자인 지수연 약사를 만났다.

"펫코팜 서비스의 핵심은 약국에 반려동물을 위한 존zone을 형성하여 펫팸족pet family들이 약국에 찾아오게끔 하는 거예요. 약사 대부분이 인체용 의약품을 공부했기 때문에 반려동물을 키우지 않는 분들은 반려동물에게 어떤 약이 필요한지, 어떤 약이 있는지 잘 모릅니다. 그래서 약사님 중에는 동물약을 취급하고 싶어도 잘 판매할 수 있을지 걱정하는 분들이 많아요. 그런 어려움을 알기에 동물약에 대한 정보를 최대한 많이 제공하려 하고 있습니다. 반려동물에게 꼭 필요한 약품이 무엇인지, 자주 찾는 약품의 종류와 사용법은 어떻게 되는지 등에 대해 알려드리면 동물약을 취급하는 것에 대한 두려움이 줄어들더라고요. 그리고 펫코팜을 이용하는 약국에는 멀리서도 눈에 띄도록 폭 50cm에 높이 150cm 크기의 매대와 부착물을 보내드려요. 강아지와 고양이에게 필요한 약뿐만 아니라 영양제, 사료, 용품들을 함께 진열하면 약사님들의 수고로움을 줄여드릴 수 있을 뿐만 아니라 판매에도 도움을 드릴 수 있죠."

약사가 겪고 있는 어려움을 먼저 알고 도우려는 마음이 인상적이었다. 반려동물을 키우는 사람이 늘어나는 시대의 흐름에 따라 동물약에 대한 수요도 높아지고 있으므로 동물약을 취급하고 싶은 약국이 많아졌으리라 생각하면 당연한 대처라는 생각도 들었다.

"월 1회 정도는 영업사원과 함께 약국을 방문하여 현장의 목소리를 듣습니다. 약국에서 약사님들을 만나 대화하다 보면 고민을 알게 되어 더 세심한 서비스를 해 드릴 수 있게 되더라고요. 현장 방문을 하며 만났던 한 약사님은 동물약을 약국에 들이고 싶은데 괜히 잘못 판매했다가 강아지가 잘못될까 두려워서 시도하지 못하고 계셨어요. 그래서 그분께 '저도 약사인데요.' 하면서 같은 약사로서 동물약을 다루는 데 어떤 어려움이 있는지를 공감하고 설명해 드렸죠. 그랬더니 제가 반려동물을 키우고 있어 잘 알고 있는 것이 아니냐고 그러는 거예요. 하지만 실은 저도 반려동물을 키운 경험이 없어요. 에이오케이에 입사하기 전 관리약사로 일하면서 습득한 경험과 펫코팜을 시작하면서 공부한 것을 바탕으로 알려드리는 거라 하고, 인체약에 빗대어 말씀드리죠. 그러면 약사님들이 쉽게 이해하고 막연한 두려움을 내려놓더라고요. 게다가 반려동물 제품은 구충제나 피부약과 같은 상비약이 대부분이고 인체약에 비해 부작용도 적어요. 동물들은 주기적으로 구충제를 먹어야 하는데, 약국에서 판다면 약사님뿐만 아니라 반려동물을 키우는 사람에게도 편리하다고 설명해 드려요. 심장사상충 약이 매출의 70퍼센트를 차지하니 처음에는 그 약으로만 시작해도 된다며 부담감을 줄여드리기도 하고요.

동물약을 취급하는 과정에서 어려움이 생기면 언제든 도와드리겠다는 약속도 함께했죠. 그랬더니 용기를 내어 도전하시더라고요."

지수연 약사의 설명을 듣자니, 그녀의 일은 약사들이 동물약이라는 미지의 세계에 수월하게 도전할 수 있도록 돕는 것이라는 생각이 들었다. 더불어 약사들의 정서적인 부분까지 어루만져 더욱 신뢰를 쌓은 것도 영업사원들만 방문했을 때와는 다른 특별한 점이라 볼 수 있었다.

지수연 약사가 약사를 설득하는 또 다른 포인트는 반려동물을 키우는 사람의 입장에서 동물병원에 비해 동물약국이 편리한 점을 설명해 주는 것이었다.

"동물병원은 강아지나 고양이를 데리고 가서 진료를 봐야만 약을 살 수 있잖아요. 그런데 약국은 강아지나 고양이를 데려가지 않고도 약을 구매할 수 있어요. 특히 고양이는 외출하기가 쉽지 않아서 병원에 데리고 가는 것이 어려운데, 가벼운 피부질환 같은 경우 약국에서 약을 구매할 수 있으면 직접 치료할 수 있으니 대단히 큰 장점이죠. 고양이는 영역 동물이라서 밖으로 데리고 나가는 순간 갑자기 뛰어나가 로드킬*road kill*을 당하거나 어디론가 숨어 버려 병원에 데리고 가는 일이 굉장한 스트레스라고 하더라고요. 강아지도 마찬가지예요. 매달 복용해야 하는 심장사상충 약이나 귀나 눈을 닦아주는 제품은 굳이 진료받지 않아도 되는 약이에요. 약국에서 살 수 있다면 편리하고 경제적이죠."

이어서 지수연 약사는 동물약을 취급하고 싶은데 또 다른 이유로 동물약국을 개설하지 못하고 있던 약사를 도와준 경험을 이야기했다.

"어느 약국 약사님이 콜센터로 문의하셨어요. 어떤 서비스가 있는지 꼼꼼히 질문하시고 여러 차례 통화를 했던 걸 보면 동물약에 관심이 컸던 것 같아요. 그래서 저희 매대 설치 담당 직원이 직접 가서 설명해 드렸고, 주문만 들어오면 되는 상황이었죠. 그런데 약사님이 주문을 안 하시는 거예요. 왜 그런지 알아보니 동물약국 운영을 위한 행정 처리를 온라인으로 진행하는 과정에서 어려움을 겪고 계셨더라고요."

동물약국 개설은 온라인으로도 할 수 있고 시군 구청에 방문해 할 수도 있다. 그런데 혼자 약국을 운영하다 보니 자리를 비울 수 없어 온라인으로 하다가 프로그램 설치에서부터 막혔다는 것이다.

"그래서 제가 직접 가서 도와드렸어요. 저로서는 아주 간단한 일이었는데도 약사님이 정말 많이 고마워하시더라고요. 그런데 신청만 해서 끝나는 게 아니라 돈도 납부해야 하고 승인이 떨어지면 개설등록증도 출력해야 해요. 동물약을 취급하려면 개설등록증을 반드시 비치해야 하는데, 출력할 수 있는 기간이 딱 일주일밖에 안 돼요. 그 기간이 지나면 직접 가서 발급받는 방법밖에 없어요. 재발급은 온라인으로 안 되거든요. 이런 과정을 알고 있는 저로서는 약사님이 많이 걱정되었어요. 그래서 일주일이 되기 전에 전화를 드렸더니 제 예상대로 출력 방법을 몰라 어려움을 겪고 계셨어요. 그때도 도움을 드렸죠."

이렇게까지 도움을 주었으니 그 약사님으로서는 당연히 펫코팜으로 주문을 넣었을 것이다. 지수연 약사는 또 다른 에피소드를 들려주었다.

"여름과 가을에 강아지를 데리고 산책하다 보면 풀밭 같은 데서 진드기가 강아지 몸에 붙어 올 수 있어요. 그 진드기들이 이불에 붙어 사람한테 피부병을 일으킬 수도 있고요. 한 번은 말티즈를 키우는 집에서 캠핑을 다녀왔는데요. 하얀 강아지 몸이 새카매질 정도로 진드기가 붙어서 왔다는 거예요. 그때가 저녁이어서 병원에 데려가질 못하고 약국으로 왔다는데, 약사님이 어떻게 해야 할지를 몰라 저에게 물어왔어요. 까만 진드기들이 머리를 강아지 털 속에 처박고 파닥거리고 있었다는데 얼마나 당황했겠어요. 마침 제가 진드기에 대한 강의를 들은 지 일주일밖에 안 됐을 때라서 강의 내용을 생생하게 설명해 드릴 수 있었죠. 진드기는 그냥 떼어내면 몸통은 박힌 채 다리만 잘린대요. 그래서 핀셋으로 하나하나 뽑아야 하고, 뽑은 뒤에는 소독을 해야 해요. 소독하는 방법과 소독에 필요한 약품을 설명해 드리고 하나하나 뽑기에 너무 많으면 물에 약을 타서 목욕시키는 방법도 알려드렸어요."

약국에서 스피커폰으로 지 약사의 설명을 같이 듣던 고객은 점점 안심했다고 한다. 당황스러운 상황에서 그 약국 약사의 머릿속에 떠오른 사람이 지수연 약사였던 걸 보면 그간 쌓아온 신뢰가 단단했나 보다.

"저도 반려동물에 대한 지식이 깊은 건 아니라서 동물약을 오래 취급하거나 반려동물을 키우는 약사님들이 운영하는 약국에 가면 오히려 많은 걸 배워서 와요. 그렇게 배운 것들을 교육 자료에 담기도 하고 다른 약국에 알려드리기도 하면서 함께 성장해 가는 거죠. 그러고 보니 이것도 자리이타네요!"

태전입니다!
도장 찍고 갈게요

작은 태도가 큰 차이를 만듭니다.

- 윈스터 처칠

───

2005년 태전약품에 입사한 고강영 부장은 19년 차 고참 부장으로 여러 업무를 두루 거쳐 지금은 배송 업무를 책임지고 있다.

배송 업무는 우리가 마트에서 구입한 물건을 집으로 가져와 정리해 두고 사용하는 과정과 비슷하다. 약국이나 병원에서 주문한 약품을 물류창고에서 골라 배송용 박스에 담아 배달한 후 약국 또는 병의원의 진열장, 조제실 또는 지정된 장소에 종류별, 크기별로 잘 적재하는 것까지가 배송 업무이다. 인터뷰가 시작되자 고강영 부장은 태전 자랑 하나만 하겠다며 말문을 열었다.

"약이 배달되면 보통은 약사님들이 본인이 주문한 약의 종류와 수량이 제대로 왔는지 전수 검사를 합니다. 자기 눈으로 확인한 후에야 인수증에 도장을 찍어주죠. 요즘 들어서는 다른 도매업체에도 많이 허용되는 분위기이지만, 우리 태전약품이 거래하는 약국에서는 초창기부터 배송 기사가 '태전입니다. (인수증에) 도장 찍고 갈게요. 좋은 하루 보내세요.' 하고 돌아왔어요. 약사님들이나 병원 원장님들이 태전을 신뢰했기 때문에 가능한 일이었죠. 약사님들도 검수 작업을 하지 않으니 좋고, 태전 배송 기사들도 검수에 걸리는 시간에 약품 배치나 박스 운반 등을 해 드릴 수 있어 좋지요. 자리이타라고나 할까요. 오랜 기간 실수 없이 정확하게 배송해 드리고, 문제가 생기면 바로 해결해 드렸기 때문에 생긴 신뢰가 아니겠습니까?"

요즘 약국에는 여자 약사가 경영하는 약국이 많아서 물건을 원하는 위치까지 운반해 주는 태전 배송 기사들은 인기 만점이다. 일반 도매상들의 약들은 까다롭게 검수하는데 태전에서 배달해 온 약들은 "태전입니다. 도장 찍고 갈게요."가 예전부터 지금까지 통하는 이유를 고강영 부장은 '사람'과 '시스템' 측면에서 설명했다.

"사람 측면에서 보면 세 가지 요인이 있어요. 첫째, 저는 배송 기사님들에게 약국이나 병원을 방문하면 명랑하고 큰 목소리로 '안녕하세요. 태전입니다. 좋은 아침입니다.'라고 인사하고 배송과 진열을 끝내고 나올 때는 '좋은 하루 보내십시오.' 하고 나오도록 했어요. 이른 아침에 배송하기 때문에 대부분의 약사님에게 태전의 배송 기사는 그날 처음 만나는 사람입니다. 그런 사람이 활기찬 인사를 건네면 하루가 기분 좋지 않겠어요?

둘째, 요즘 개업하는 약국은 여자 약사님이 많아요. 배송 기사가 문을 열고 들어가면 0.5초 이내에 기사의 체취가 전달돼요. 그래서 저는 기사님에게 아침에는 담배를 피우지 말라고 했고, 못 참겠으면 무연 담배나 전자담배를 피우고 환기를 철저히 해달라고 부탁했습니다. 한때는 제가 모든 차량에 차량용 방향제를 사서 넣어주기도 했어요.

셋째, 기사님들이 과부하에 시달리지 않도록 업무량을 적절하게 배분하려고 했어요. 누구나 피곤하면 친절하기 어렵지 않습니까? 여유 있게 일할 수 있도록 업무량을 조정하니 자연스럽게 미소가 지어지더라고요."

"시스템 측면에서도 세 가지로 정리해 볼 수 있어요. 첫째, 우리 태전은 초창기 때부터 상차분류방식(사전 별도 포장)으로 약품을 박스에 담았어요. 주문받은 약을 약국별로 박스에 담는 거죠. 그러니까 배송 기사님들은 약국에 박스만 전해주면 돼요. 그 반대 방식을 하차분류방식(사후 분류)이라고 하는데요. 주문받은 약을 약국별이 아니라 약품별로 포장해요. 어떤 약을 B약국에서 3개, C약국에서 4개, D약국에서 5개를 주문했다면 하나의 박스에 12개를 담아 각각의 약국에 주문한 수량만큼 전달하는 방식이에요. 배송 기사 입장에서는 약국 주차장에서 이 약, 저 약 골라 담아야 하는 불편이 있어요.

둘째, 약을 박스에 담을 때 뽁뽁이나 에어패드 같은 충전재를 넣어 약상자가 구겨지거나 파손될 위험을 최소화하는 거예요. 약의 수량이 적거나 부피가 작아 박스에 넣는 것이 부적절할 때는 밴딩 머신이라는 기계로 흔들리지 않게 묶어 배송합니다. 밴딩 머신과 밴딩 밴드, 충전 기계와 충전제는 약품 가격에 포함되지 않아 추가 비용이 들지만, 태전은 약사님들의 편의를 위해 아주 초창기부터 사용하고 있어요. 사실 겉 포장이 구겨지면 아무리 속이 멀쩡해도 팔기가 어렵잖아요. 포장이 훼손된 약은 약국 입장에서는 반품 사유에 해당해요. 반품으로 인한 시간, 비용, 신뢰의 문제를 생각하면 그 비용은 아깝다고 할 수 없죠.

셋째, 좀 전에 언급했던 기사님들의 업무 과부하를 줄이는 노력과도 상관있는데요. 우리 회사의 배송 기사는 현재 13명이지만 2명만 태전약품 소속 직원이고 나머지 11명은 지입 기사님이에요. 본인 소유의 트럭을 가지고 배송 업무를 하는 거죠. 절대다수인 11명의 지입 기사님을 잘 지원해 드리는 게 제 임무이고 그분들이 지금까지 잘 해주셔서 약사님들이 검수 과정 없이 물건을 받아주시는 거거든요. 저는 이분들이 태전 일을 하는 것이 다른 업체와 일하는 것보다 즐거워야 우리와 더 오래 일할 수 있고, 약사님에게도 잘하실 거로 생각해요. 7년 전 지입 제도를 도입했을 때만 해도 기사님이 4명이었지만 그중 한 기사님의 소개로 5명의 기사님이 들어오셨고 점점 늘어나서 지금은 11명이 되었어요. 기사님들이 서로 태전을 소개한데는 나름의 이유가 있지 않겠습니까?"

이번에는 회사 차원이 아니라 고 부장 개인적으로는 어떻게 지입 기사들과 좋은 관계를 유지하는지 그 비결을 물었다. 그는 잠시 숨을 가다듬고 이야기를 이어 나갔다.

"저는 아침마다 배송 기사님과 눈을 마주치며 큰 소리로 인사를 나눠요. 목소리만 들어도, 안색만 보아도 그분의 컨디션을 알 수 있거든요. 불편한 점이 보이면 바로 적절한 조치를 해 드리죠. 또한 6개월마다 한 번씩 기사님들의 담당 구역을 바꿉니다. 대개 자기가 담당한 지역이 더 어렵게 느껴지거든요. 그런 불만을 없애려면 지역을 번갈아 가며 담당하게 하는 것이 좋더라고요. 새 지역을 맡게 되면 처음 며칠 동안은 기존 담당 기사님과 함께 돌며 그 지역의 특징과 유의 사항, 돌발상황 시 대처 방법 등을 상세히 인수인계하지요.

그리고 저는 이분들과 격의 없는 소통의 자리를 주기적으로 가지고 있습니다. 등산을 좋아하는 분과는 우리 회사 산악회 동호회를 따라 산에 가기도 하고요, 술을 좋아하는 분과는 술자리에서 어울리고요. 다만 제가 부장으로서 특정한 분들과 더 자주 자리를 갖는 건 아닌지 점검해 보긴 해요."

바쁜 업무 때문에 고 부장과는 긴 이야기를 나눌 수 없었지만 짧은 대화 속에서도 충분히 많은 것을 배울 수 있었다. 고강영 부장은 배송 기사들이 정규직원이 아니지만 약사들을 매일 만난다는 점에서 매우 중요한 사람들이라는 걸 알고 있었다. 그분들이 용모 단정해야 약사들에게 좋은 인상을 줄 수 있다는 점도, 그런 인식을 바탕으로 배송 기사가 일하기 쉬운 시스템을 만들고 좋은 관계를 유지해야 한다는 것도 놓치지 않았다. 고 부장은 자신이 할 수 있는 최선을 다하고 있었다. 그가 든든하게 지키고 있는 태전의 최전방은 아주 많이 안전해 보였다.

영업에 특별한 기술이
뭐가 있나요

해놓은 약속은 아직 지불하지 않은 부채이다.

- R.W. 서비스

티제이팜의 부사장을 맡고 있는 김구현 부사장은 37년째 태전을 지키고 있는 베테랑이다. 1987년 3월에 입사 2012년 10월까지 태전약품에 근무하다가 2012년 11월부터 티제이팜 영업본부장을 거쳐 부사장으로 재직하고 있다.

1990년에 정읍으로 발령받은 그는 처음 2년간은 엄청나게 고생했다고 한다. 하지만 1993년부터 무려 20년간 한 해도 빠짐없이 태전의 최우수 영업사원 자리를 지키며 회사 최초로 개인 연간 매출 100억 원을 달성했다고. 정읍에 부임해서는 불과 2~3년 만에 월 2,000만 원 정도이던 매출을 월 3억 원으로 무려 15배의 성장을 이루어냈다고 한다.

그는 약사들로부터 많은 사랑을 받았다. 젊은 시절 점심시간에 약국을 방문하면 식사하던 약사님이 공깃밥을 하나 더 내어와 같이 먹자고 했고, 식사가 막 끝났을 때 방문하면 그를 위해 밥을 차려주기도 했다. 한 번은 제약회사 직원이 약사님을 저녁 식사 자리에 초대했는데, 약사님이 당시 대리였던 그를 대동하고 나섰다. 제약회사 직원은 탐탁지 않은 눈치였지만 약사님은 그와 함께 가는 것이 더 편했나 보다.

한낱 거래처 영업사원이었을 텐데 약사들은 대체 어떤 마음이었기에 그에게 그토록 잘했던 걸까? 약사들과 돈독하게 지내는 비결을 묻자 김 부사장은 별거 없다며 난색을 보였다. 하지만 그와의 대화에서 몇 가지 비결을 찾아낼 수 있었다.

첫째, 약속한 거래 조건은 반드시 지킨다. 중간에 여건이 변해 손해가 나더라도 약속은 철저히 지켰다.

"특별한 기술이 있는 것도 아니고 도매상 영업사원이 약사에게 잘해줄 수 있는 게 뭐가 있겠어요. 그저 거짓말 안 하고 꾸준히 약속을 지키는 것밖에요. 글쎄, 신뢰와 일관성이라고 할까요? 선대 오수웅 회장님께서 저에게 붙여주신 별명이 '변함없이 똑같이'였어요. 뚜벅뚜벅 일하는 자세가 항상 변함없었다는 뜻이었던 것 같아요."

둘째, 구차한 부탁을 하지 않는다. 영업사원이긴 하지만 구매와 관련한 부담을 주는 말은 되도록 삼갔다. 일보다 사람에 관한 관심과 신뢰를 쌓는 일을 중요하게 여겼다.

"티제이팜에 와서 구매 업무를 해보니 부탁하는 것이 어떤 의미인지 알겠더라고요. 우리 회사에 약을 납품하는 A제약회사와 B제약회사가 있어요. 그런데 A회사 영업사원은 저를 볼 때마다 납품하게 해달라고 우는소리를 하고, B회사 직원은 볼 때마다 환하게 인사를 해요. 교수님이라면 누구와 거래하고 싶으시겠어요? 저는 후자였어요. 같은 이치로 저도 어떤 약사님과 만나더라도 영업 이야기는 꺼내지 않았어요. 그냥 인간적으로 친해지고 싶었고, 친해지려고 했죠."

셋째, 태전 약에 대한 책임감을 갖는다. 약국에 있는 태전 약의 납품 현황뿐 아니라 판매 현황까지 파악한다는 책임감으로 약국을 방문했다.

"저는 거래하던 약국의 진열대를 완벽하게 스캔했어요. 지난주에 갔을 때는 C약이 10개 진열되어 있었는데 오늘 가보니 5개만 있으면 '약사님, C약 5개 주문 넣을게요.' 하면서 약사님의 수고를 덜어드렸죠. 약사님이 뭘 주문해야 할지 신경 쓰지 않아도 되게 말이에요. 약품이 한둘이 아니라 쉬운 일은 아니었지만 적어도 태전이 납품한 약은 한눈에 꿰고 있었어요."

넷째, 약국과 태전 모두에게 이익이 되는 전략을 생각한다. 약국을 방문할 때 모두에게 이익이 되는 제안을 구상하는 것이다.

"어떤 약국이 경쟁 도매상에서 판매하는 D약을 잔뜩 쌓아놓고 있을 때, 우리 태전이 D와 비슷한 약을 납품하는 것은 당장은 어려워요. 그런데 진열대를 추적 관찰하다 보면 어떤 시점에서 D약이 확연히 줄어든 것을 보게 됩니다. 그때 약사님께 더 좋은 조건으로 경쟁 제품을 제시하는 거예요. 비슷한 약효를 가진 E약을 훨씬 좋은 조건으로 제시하면 마다할 약사님이 많지 않습니다. 물론 그런 조건을 제시하려면 공부를 많이 해야 해요."

다섯째, 약사님을 일로 만나는 사이라고 여기지 않고 친구나 이웃을 대하듯 관심을 두고 돕는다. 예를 들어 F약국에서 G라는 약이 급히 필요할 때 수급이 여의찮으면, 근처에 있는 H약국에 전화해서 F약국으로 보내달라고 부탁한다. 이런 것 역시 평소에 친하게 지냈기 때문에 가능한 일이다.

김 부사장의 말대로 어쩌면 영업에는 특별한 기술이 없을 수도 있다. 그러나 짧고 굵게 말해준 그의 경험담에는 태전그룹 영업사원의 레전드다운 묵직함이 있었다. 성실하게 일관성을 유지하며 신뢰를 쌓고, 약사님을 비즈니스 파트너가 아닌 친한 친구나 이웃으로 생각하며 '변함없이 똑같이' 37년을 일관했던 그에게 진심으로 경의를 표한다.

약사님께 실질적인 도움을 드립니다

절대로 포기하지 말라.
목표에 도달하지 못했다면 방향을 바꿔보라.
그러나 절대로 포기하지 말라.

- 헬렌 켈러

조남길 이사는 1989년 입사한 이래 36년째 태전약품에 근무하는 영업 맨이자 뼛속까지 태전을 사랑하는 '태전인'이다. 그가 자기 인생철학과도 일맥상통하는 영업 원칙 세 가지를 공개했다.

"저는 약사님과 인간적으로 친해지는 것이 가장 중요하다고 생각합니다. 거래처이다 보니 일주일이 멀다 하고 약국을 방문해야 하는데 친한 사람을 만난다고 생각해야 정신건강에도 좋잖아요. 또 그래야 약사님도 저를 만날 때 반가울 거고요. 그래서 좋은 관계를 맺기위해 노력을 많이 했어요. 그러려면 저와의 거래가 약사님에게 실질적인 도움이 되어야 하죠. 그래서 약사님께 필요한 것이 무엇인지 알기 위해 우선 약국에서 파는 약들에 관해 공부했어요. 비슷한 성분과 약효를 가진 여러 약들을 면밀하게 알아나갔죠."

이 공부를 토대로 조 이사는 주임 시절에 A약을 사러 온 고객에게 성분과 약효는 같지만 가격이 저렴한 B약을 함께 권해보라고 팁을 제공했다.

"물론 젊은 영업사원이었던 제가 전문직인 약사님에게 조언하는 모양새를 취하면 거부감이 생길 수 있어요. 그래서 '다른 약국에 가보니 그런 식으로 하더라'고 지나가는 말로 살짝 던졌죠. 사실 약사님들은 전문 지식을 쌓느라 손님을 어떻게 대해야 할지 미처 생각하지 못할 때가 있어요. 이 경우 손님이 A약에 대해 특별한 선호도를 가진 분이 아니라면 A약과 비슷한 B약도 꺼내 티 나지 않게 성분 비교를 해주면 어떠냐고 넌지시 말씀드렸죠."

선호도가 뚜렷한 손님에게 B약을 권하면 '그 약사 돈만 아는 사람'이라고 동네방네 헛소문이 날 수도 있으니 조심하라는 당부도 잊지 않았다.

"손님은 저렴한 가격으로 효능이 같은 약을 살 수 있으니 좋고 약사님은 판매 마진이 높은 B약을 팔아서 수입이 늘어나니 누이 좋고 매부 좋은 거죠. 게다가 그런 정보를 전해준 저를 잊지 않고 태전과의 거래량을 늘려주면 자리이타 더블샷이 되지 않겠어요?"

신이 난 조 이사가 자신만의 영업 노하우를 더 풀어놓았다.

"약사님과 어느 정도 친해졌다고 생각되면 이런 방법도 제안합니다. 지명도는 높지만 마진이 낮은 약은 잘 보이는 위치에 진열하지 마세요. 그런 공간에는 성분과 약효가 우수하면서도 마진이 높은 약을 진열하세요. 그 약에 대한 간단한 설명도 붙여 두세요. 그러면 약사님이 약을 조제하는 동안 손님은 그 설명을 보고 생각하겠죠. '어? 내 증상이랑 똑같네. 그런데 이 약이 새로 나왔나 보네' 하고요.

A약을 보여줄 때 B약도 같이 보여주면서 '이건 어떻겠냐? 사실 나도 최근에 B를 복용하고 있다'고 말해 보세요. 카운터 가까운 서랍에 한두 알 먹은 흔적이 있는 B약을 보관해 두었다가 보여주면 더 좋습니다. 단골이라면 저렴하고 약사님도 복용하는 약을 마다할 손님이 많지 않을 것입니다."

조 이사가 제시하는 영업 원칙 두 번째는 '반드시 약속을 지킨다'였다. 어찌 보면 평범하지만 절대 평범하지 않은 그만의 경험과 재치가 담긴 이야기였다. 그가 관찰한 영업사원들은 의례적으로 '약사님, 언제 저랑 식사 한번 하시죠'와 같은 의도하지 않은 빈말을 남발한다고 했다.

"그런데 저는 좀 다르게 접근했어요. '약사님, 이날 저녁 약속 있으세요? 없으시면 저랑 같이 저녁 하실래요?' 약사님이 허락하면 그 자리에서 약사님 탁상 일지에 '○○월 ○○일 태전과 저녁 식사'라고 굵직하게 써 드렸어요. 꼭 기억하고 계시라고 하면서요. 이 방법은 두 가지 효과가 있어요. 먼저 저 사람은 빈말하지 않는 사람이라고 인식하게 합니다. 두 번째는 약사님의 탁상 일지를 약사님만 보는 게 아니잖아요? 다른 도매업체 영업사원들도 볼 텐데 그때 어떤 생각이 들겠어요? 그리고 저는 반드시 그 약속을 지켰습니다."

조 이사가 제시하는 영업 원칙 세 번째는 좀 더 독특했다.

"저는 이런저런 경조사 중 특히 조사(弔事)에 신경을 많이 썼어요. 부의금을 다른 사람, 즉 다른 도매업체 영업사원의 평균 3배를 전달했죠. 아마 '이제 갓 주임인 영업사원이 무슨 돈이 있다고 이렇게 많은 돈을…' 하고 느끼셨을 거예요. 그렇지만 저는 영업이라는 생각보다는 약사님 마음이 얼마나 아플지 위로해 드리자는 마음이 더 컸습니다.

한 번은 평소 가까이 지내던 약사님의 사모님이 위암으로 젊은 나이에 돌아가셨어요. 제가 발인 날 장지까지 같이 갔습니다. 제 차의 비상등을 켜고 영구차를 따라갔죠. 마침 그날따라 눈이 펑펑 쏟아졌어요. 장례식장하고 장지의 거리가 꽤 멀었거든요. 눈이 많이 와서 포크레인 기사도 거기까지 가느라 애를 먹었고 운구하는 사람들도 길이 미끄러워 고생이 심했죠.

　저는 소주 한 병과 돗자리를 가지고 묵묵히 뒤따랐습니다. 봉분을 마친 후에는 삽으로 단단하게 마무리하고 소주 한 잔 정성껏 올려드렸어요. 말이 필요치 않은 순간이었죠. 그저 묵묵하게 함께 있었어요. 자기 아내를 보내는 마음이 얼마나 힘들겠어요. 제가 할 수 있는 일이란 게 고작 곁에 있어 드리는 거라 생각했죠."

　영업 비결이 무엇인지를 묻는 나에게 조 이사는 친한 친구와의 추억에 관해 이야기하고 있는 듯했다. 영업보다는 사람에 대한 애정이 먼저였던 그의 성정이 말하지 않아도 전해져 왔다.

드링크제와 피로회복제의
환상 궁합

열려있는 마음은 사람에게 가장 귀중한 재산이 된다.

- 마틴 부버

　태전약품 물류팀을 이끄는 황경엽 이사는 40년째 근무하는 역전의 용사 중 하나다. 그를 만나 1980년대 약국 영업의 추억을 더듬어 보았다. 1985년에 입사한 그는 다른 태전 직원들이 그랬듯이 영업 전선에 뛰어들기 전 도매상의 핵심 부서라 할 수 있는 물류팀에서 1개월간 약품 물류의 기본을 배우고 여러 의약품을 익혔다고 한다.

　"약의 종류와 성분 등을 알아야 약국에 가서 설명할 수가 있잖아요. 요즘에야 인터넷으로 주문하지만, 당시에는 영업사원들이 모든 약품을 약사님에게 자세히 설명할 수 있어야 했어요."

그는 군산, 익산, 전주, 남원 등 전라북도 지역뿐만 아니라 서천, 서산, 당진, 태안 등 충청남도 지역을 손금 보듯 훤히 꿰뚫고 있었다.

"제가 신입사원이던 1980년대 중반에는 영업사원이 자동차를 타고 다닌다는 건 상상하기도 어려웠어요. 군산에서 근무할 때는 자전거를 타고 시내 곳곳을 누볐죠. 약품 배달도 화물 자전거로 하는 경우가 많았고요. 요즘은 금강 하굿둑이 생겨 자동차로 다니지만, 그때는 군산에서 서천이나 장항으로 가려면 배를 타야 했어요. 007 가방과 포장 박스에 약품을 잔뜩 넣어 양손에 들고는 군산항까지 버스를 타고 가서 배를 타고 15분 정도 가면 장항이에요. 장항 선착장에서 버스를 타고 서천, 한산, 비인, 부여, 양화 등지를 돌며 약국들을 방문하고 나면 그야말로 녹초가 되죠."

그때 그에게 업무를 가르쳐 준 선배들은 대부분 퇴임했고 돌아가신 분도 많다고 한다. 당시 인연을 맺은 약사님도 마찬가지라고. 그는 평생지기 같은 그때 맺은 인연들을 떠올리며 말을 이었다.

　　"식사 시간쯤 방문하게 되면 밥 먹고 가라 하셨고, 제가 너무 바빠 그냥 가야 한다고 하면 '젊은 사람이 밥은 먹고 다녀야지' 하며 걱정해 주는 분도 계셨어요. 서천터미널 앞에 있는 제일약국은 터미널 앞에 있다 보니 서천 지역을 방문할 때면 제일 먼저 들르곤 했는데, 약사님이 약들이 무거우니 여기다 두고 갔다 오라며 편의를 봐주셨어요. 다른 지역에 갔다가 좀 늦는 것 같으면 '황주임이 늦나 보다. A약국과 B약국에서 기다리고 있을 테니 황주임 대신 약 좀 가져다주게나' 하며 직원에게 부탁하기도 하셨죠. 참 고마운 분이에요."

　　약사가 거래처 영업사원인 황 주임을 이렇게 배려한 이유는 무엇일까?

　　"단번에 그런 관계가 되는 경우는 절대 없습니다. 그저 제 35년 영업 인생에서 저만의 철칙이 있다면 '약사님 입장에서 생각하고 행동하기'라고 할 수 있어요.
　　한번은 서산 지역에 있던 한 약국의 약사님이 손님에게 급히 필요한 약이라며 빨리 구해줄 수 있는지를 부탁하셨어요. 서산에서 군산까지 다녀오려면 하루 이상이 걸렸고, 그때는 퀵서비스가 있던 것도 아니어서 좀 난감했죠. 그때 한 선배님이 저에게 해준 이야기가 떠올랐어요. '다른 약국에 가서 빌려라.' 그래서 근처 약국에 전화를 돌렸죠. 다행히 세 번째 전화한 약국에 그 약이 있었어요. 다음날 꼭 가져다드리기로 하고 빌려다가 전달해 드렸죠. 거래하는 약국들의 상황을 꼭 파악하고 있어야 한다는 선배님의 조언을 실천하려 했기에 가능했던 일이었어요.

또 하나의 철칙은 '약속 지키기'예요. 그러다 보니 약속할 때 신중해지더라고요. 허튼 약속을 하는 건 절대로 피해야 했으니까요. 일단 약속을 하면 천재지변이 아닌 한 꼭 지켰어요. 물론 옛날에는 버스가 제시간에 안 와서 피치 못하게 늦는 일도 있었지만, 그럴 때는 약사님께 미리 전화해서 몇 시까지는 갈 수 있겠노라 말씀을 드렸어요.

마지막 철칙은 '약사님의 편의 봐주기'였어요. 약국이 지저분한 것 같으면 빗자루질, 마대 질을 하며 청소해 드리기도 하고 가끔 약사님이 급한 환자에게 이 약 좀 갖다 줄 수 있겠느냐고 부탁하면 마다하지 않고 해드렸죠. 그 시절에는 승용차가 흔치 않은 시절이라 시골 마을에서 약국이 있는 읍내까지 오려면 상당히 힘들었거든요. 그런데 어차피 저는 그 근처로 가는 길이니 부탁한 거죠. 요즘은 이런 일들이 '노무 제공'이라 해서 불법이라 하지만 예전에는 그렇지 않았어요."

회사의 발전, 아니 그보다는 사람들의 건강과 행복을 위해 노력하는 약사님들을 조력하며 많은 일을 하며 살아왔던 그였다. 황 이사는 그때 그 시절이 그립다고 했다.

"별거 없는 줄 알았는데, 옛날 생각을 하니까 저만의 영업 노하우가 또 하나 생각나네요. 여러 지역을 다니다 보니 영양제나 드링크제 같은 것도 지역에 따라 선호도가 조금씩 다르다는 것을 알게 되었어요. 예를 들어 군산이나 전주 도시 사람들이 좋아하는 드링크와 서천이나 서산 같은 (지금은 전혀 아니지만) 시골 사람들이 즐겨 찾는 드링크가 달랐죠. 예전에는 박카스나 원비디 같은 드링크를 약국에서만 판매했던 것 알고 있나요?

저는 드링크제를 납품할 때 전체 수량을 약국 수로 나눠서 같은 수량을 공급하는 게 아니라, 시장조사를 거쳐 해당 지역에 선호 제품을 더 많이 공급했어요. 예를 들어 전주에 20개 약국이 있고 B드링크를 납품한다고 했을 때 각 약국에 골고루 1,500개씩 공급하는 것이 아니라, B드링크를 선호하는 사람이 많이 사는 지역의 3개 약국에 1만 개씩 납품하는 식으로요. 그러면 전체 공급 수량은 같지만 3개 약국에만 공을 들이는 것이라 관리가 훨씬 수월해요. 해당 약국 입장에서도 그 지역 사람들이 선호하는 B드링크를 독점 판매할 수 있어 좋아했고요. 그야말로 자리이타가 되는 거예요. 여기에 더해 그 제품을 할인하여 판매할 수 있게 되면 생산자, 태전, 약국, 소비자 모두가 좋은 거죠."

그 역시 태전 영업맨답게 약국의 매출 신장을 돕기 위해 여러 가지 노력을 다했다. 약사에게 혼합 판매를 권유하는 것도 그중 한 가지다. "다른 약국에 가보니 드링크제를 찾는 손님에게 피로 회복에 좋은 알약을 함께 추천하더라고요. 그랬더니 약사가 손님 피로 회복까지 신경 써준다며 고맙다고 하면서 갔어요."라고 말하면 약사님들이 훨씬 쉽게 받아들인다는 것이다. 실제로 알약을 드링크와 같이 판매하니 매출이 올랐다. 이런 일들이 계속 반복되면 누구라도 마음을 열게 되어 있다. 그 마음이 어디 가겠는가. 혹시라도 지인이 약국을 오픈하게 되면 어느 회사를 도매상으로 추천하겠는가.

환자의 생명이 먼저다

*인생에 있어서 가장 큰 기쁨은, '너는 그것을 할 수 없다'고
세상 사람들이 말하는 그 일을 성취하는 일이다.*

- 월터 배죠트

태전약품 병원사업부의 수장으로 37년을 태전과 함께한 박남식 이사에게 병원사업부 직원에게 가장 강조하는 업무 추진 원칙을 물었다. 그는 단 1초의 망설임도 없이 '환자의 생명이 먼저다. 우리가 하는 모든 행동은 이 원칙을 기준으로 결정한다'라고 대답했다. '환자의 생명이 먼저다'라는 아홉 글자에 많은 의미가 담겨 있는 듯했다.

"저희는 약국이 아닌 병원의 약과 진료 재료를 공급합니다. 병원에 입원해 있는 환자분들은 생명을 다투는 위급한 상황일 때도 있어요. 약국에 약을 사러 갔는데 찾는 약이 없으면 다른 약국에 가면 되

지만, 병원은 다릅니다. 병원에 필요한 약이 없으면 환자분들은 정말 난처해지는 거예요. 그래서 환자의 생명을 최우선으로 하는 것이 업무 원칙이죠."

박 이사의 표정이 매우 진지했다. 오직 이 길을 37년간 쉼없이 걸어온 백전노장 중년 신사의 결연한 의지를 느끼기에 충분했다.

"병원사업부는 단순히 돈을 벌기 위해서만 일하지 않습니다. 이윤 추구가 목적인 일반 회사와는 조금 다르죠? 왜냐하면 큰 병원을 제외하면 전북에 있는 병원들은 재정 상태가 그다지 좋은 편이 아니거든요. 이건 대학병원들도 예외가 아니에요. 그래서 이익률을 보고 영업을 하려면 어려울 때가 많습니다.

우리 팀은 병원이 환자에게 양질의 진료 서비스를 제공할 수 있도록 최선을 다해 서비스하고 있어요. 손해를 보고 운영한다는 게 아니라, 돈을 벌기 위함만이 아닌 환자를 돕기 위해 일하는 것이 우선인 거죠. 전북을 대표하는 의약품 종합 도매 회사로서 병원이 의약품과 진료 재료 때문에 우리 지역 주민들의 생명을 구하지 못하는 일이 발생하지 않도록 이요. 이것이 '환자의 생명이 먼저다'라는 문장에 담긴 의미입니다. 우리가 해야 하는 일이고 우리가 할 수 있는 일이죠."

나는 더 구체적인 이야기가 듣고 싶었다. 박 이사의 이야기를 듣고 그간의 여정을 묵묵히 걸어온 그에게 조금이나마 위안을 주고 싶기도 했다. 아무리 이상을 추구하며 보람을 느꼈다곤 하지만 '숫자가 인격'이라는 영업의 세계에서 이익률이 높은 약국을 대상으로 영업하는 동료들 사이에서 어찌 어려움이 없었겠는가.

"한 번은 전주에서 편도로 두 시간 정도 걸리는 작은 병원에서 전화가 왔어요. 급한 환자가 있으니 약 좀 구해 달라는 거예요. 근처 도매업체 여러 군데에 SOS를 쳤는데 다들 구할 수 없다고 한다고요. 저희도 그 약을 가지고 있지 않았고 주요 거래처가 아니었으니 미안하다며 거절해도 상관없었죠. 그런데 누군지도 모르는 생면부지의 그 환자가 떠오르는 거예요. 그래서 우리 병원부 직원들에게 강하게 부탁했죠. '전국을 다 뒤져서라도 꼭 구해드리자.'

사실 이런 경우는 '역마진'이에요. 직원들이 그 약을 구하느라 사방팔방에 전화하는 시간, 그 약을 배달받는 비용, 병원에 가져다주고 돌아오는 왕복 교통비, 그 시간에 다른 업무를 처리하지 못해 생기는 기회비용까지 생각하면 직원들에게는 매우 미안한 일이죠."

"이건 정말 대단한 일을 하는 건데요?"

"별말씀을요. 우리 일인데요. 그래도 이렇게 힘들게 구한 약이 제대로 쓰이면 그나마 다행이에요. 가끔 환자분이 우리 지역 대형 병원에 와서 수술을 받겠다고 하는데 수술에 필요한 약이 그 병원에 없는 경우가 있어요. 그러면 방금 말한 것처럼 사방팔방 수소문해서 약을 구해다 드려요. 그런데 그사이에 환자 또는 보호자가 마음이 변해서 서울에 있는 큰 병원으로 가버리는 경우가 있습니다. 우리는 급한 약이라 그쪽(제약사 또는 다른 도매업체)에 반품 안 하는 조건으로 현금 주고 사 왔는데, 게다가 그런 수술에 필요한 약은 수백만 원에서 수천만 원에 이르는 고가의 약이 많아서 그야말로 난감하죠."

환자의 생명을 우선으로 두고 일 처리를 했는데 결과적으로는 판매가 쉽지 않은 약을 떠안게 된 상황이라니, 그의 마음고생이 느껴졌다. 이뿐만이 아니었다. 큰 병원들은 약의 수요가 크니까 한 회사하고만 계약하지 않는다. 한편 도매업체 입장에서는 큰 병원과 거래하고 있다는 실적이 중요하다. 그러다 보니 서울에 있는 작은 도매업체들도 전북의 큰 병원과 조금이라도 거래하려고 달려든다. 그런데 문제는 이들이 서울에 있다 보니 전북 지역까지 매일 배송하기가 어려워 생기는 문제들이 있다는 것이다.

"그들은 대개 일주일에 한 번 배송하는데, 병원에선 급하게 약이 필요한 상황이 생기기도 하고, 병원에서 꼭 필요한 약을 서울 도매업체가 안 갖고 있는 경우도 있어요. 서울 도매업체가 우리 태전보다 규모 면에서 작은 데가 많아서 어찌 보면 필연적인 결과죠. 이런 경우 병원은 급하니까 서울 도매업체에 이야기하는 것이 아니라 태전에 부탁하는 거예요. 경험상 서울 도매업체보다 태전에 이야기하는 것이 더 확실하고 빠르다는 걸 알고 있는 거죠."

어찌 보면 경쟁 관계에 있는 서울 도매업체를 도와주는 셈이 될 테지만, 그는 아랑곳하지 않았다.

"그럼 어떡합니까? 병원에 환자가 누워 있잖아요. 생명을 구해야 하잖아요. 우리 전라북도 주민일 가능성도 높잖아요."

'환자의 생명이 먼저다'라는 원칙이 그저 말뿐이 아님을 알게 되는 일화였다. 이야기에 집중하다 보니 시간 가는 걸 잊을 정도로 박 이사는 많은 일화를 들려주었다. 20명이 넘었던 물류팀 입사 동기들이 다 떠나고 지금 남아있는 사람은 박 이사를 포함해 단 두 명이라고. 이익이 남지 않으니 직원과 회사에 면목이 없었다고. 나는 최대한 박 이사 입장에서 그의 이야기를 모두 들어주었다. 그리고 마지막 질문을 던졌다.

"이익률이 높지 않는데도 병원 사업을 접지 않고 계속하는 힘은 어디서 나오나요? '환자의 생명이 먼저다'라고는 하지만, 박 이사님 개인의 의지만으로 그걸 밀어붙인다는 건 힘들지 않은가 해서요."

"오영석 회장님의 결단이죠. 언젠가 저에게 그러시더라고요. '박 이사님, 너무 부담 갖지 마세요. 모든 거래에서 꼭 이익이 나야 하는 건 아니에요. 돈은 다른 데서 좀 더 벌면 되죠. 환자의 생명이 더 중요합니다. 우리가 전라북도에서 가장 먼저 시작한 만형이지 않습니까?'라고요. 그 말을 들으니 부담이 줄더라고요.

저는 오영석 회장님의 아버님이신 오수웅 회장님 때도 일했어요. 그 시절 태전의 모 지점에서 지점장이 공금을 횡령하는 일이 벌어져 회사에 큰 재정적 손실이 났죠. 낙심한 회장님 가족들이 모여서 회의를 했다고 해요. '사업을 접자. 이 사업 없이도 우리 가족 살아가는 데는 아무 지장이 없다'고요. 철석같이 믿었던 사람에게 크게 당했으니 다들 속이 많이 상하지 않았겠어요? 그때 오수웅 회장님이 이런 말씀을 하셨답니다. '지금 우리 회사 직원이 200명, 가족들까지 합하면 1,000명이다. 우리 가족은 살겠지만 이 1,000명은 어떻게 한단 말이냐. 힘들어도 그들을 생각해서 잘 추스르자.'라고요. 그 가족회의에 오영석 회장님도 있었을 거예요. 장남이니까요. 아버지의 훌륭한 가르침을 받은 거죠"

대학에서 경영학을 가르치는 나에게 박 이사와의 인터뷰는 많은 생각을 하게 했다. 경영은 조직 관리나 재무 회계만을 의미하는 것이 아니다. 기업의 사회적 책임은 법적인 차원을 넘어서 선한 마음을 실천하는 것까지 포함하는 것이어야 한다. 이를 최고경영자가 모범을 보이고 구성원 모두가 한마음으로 해내는 것이 경영의 완성이다. 이런 생각이 머리에 계속 맴돌았다.

언제나 고객(병원)
입장에서 생각하기

성공의 유일한 비결은 다른 사람의 생각을 이해하고,
자신과 상대방의 입장에서 동시에 사물을 바라볼 줄 아는 능력이다.
- 핸리 포드

　　티제이팜의 병원사업부는 치열한 공개 입찰 경쟁을 통해 대형
국공립병원과 대형 사립병원에 의약품을 공급하는 부서이다. 이러
한 부서를 이끄는 설동훈 전무는 병원사업부가 아직은 티제이팜 전
체 매출의 20% 이하를 차지하지만 무한한 성장 잠재력을 가진 사
업부라고 소개했다.

　　"티제이팜이 2008년 평택에 자리를 잡고 나서 약 6년간은 약국 영
　업에만 집중했어요. 약국 영업이 어느 정도 정착된 2014년에 병원
　사업부가 출범했죠. 처음에는 병원 사업을 다년간 경험한 분들을
　스카우트해서 운영하다가 4년 후, 그러니까 2018년 상반기부터 제

가 병원사업부를 책임지고 있습니다. 제가 취임했을 때는 연간 매출이 약 500억 원이었는데 2023년에는 약 1,200억 원 정도의 매출을 올렸어요. 대형 에치칼 도매업체(병원만 전문으로 공급하는 도매업체)들과 치열한 입찰 경쟁을 치러야 하는 상황에서도 병원사업부 9명의 직원이 매출 성장을 이끈 거죠. 저는 그저 직원들에게 감사한 마음뿐입니다."

그간 병원사업부는 양적 성장에만 그친 것은 아니고 질적으로도 많이 성숙했다고 한다. 예를 들어 국내 3대 종합병원인 서울아산병원에서는 매년 의약품을 공급하는 총 12개 도매업체 중에서 1개를 우수 협력업체로 선정하는데, 티제이팜은 2015년과 2016년 2년 연속 수상했다. 우수 협력업체상을 받으면 다른 협력회사들과 모인 자리에서 사례 발표를 할 수 있고, 회사에 대한 인식을 크게 향상할 수 있다. 그렇다 보니 도매업체 간에 경쟁이 치열하다.

서울아산병원이 협력업체를 관리하는 차원에서 12개 업체를 돌아가며 시상하는 것 아니냐는 나의 조금은 장난기 어린 질문에 설 전무는 특유의 부드러운 어조로 "No"라고 답했다.

"돌아가며 주는 거라면 도매업체가 12개인데 저희 티제이팜이 2년 연속 수상할 수가 없죠. 12년 만에 한 번 기회가 와야 한다는 계산이지 않습니까? 티제이팜이 경쟁 입찰을 뚫고 서울아산병원에 의약품 공급을 시작한 것이 2014년부터였으니, 10년 사이에 두 번 수

상한 거예요. 그리고 서울아산병원의 우수 협력업체 선정은 매우 신중하고 까다로운 절차를 거치기로 유명합니다. 약재과가 먼저 심사하고, 그 결과를 구매팀이 다시 평가하죠. 또한 서울아산병원이 운영하는 사회복지재단 사무총장이 시상 주체라서 매우 엄정하게 평가하는 걸로 알려져 있습니다."

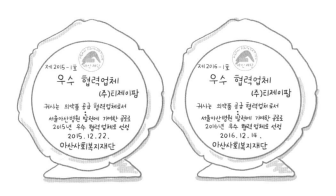

설 전무는 비단 서울아산병원에서뿐만 아니라 다른 병원에서도 티제이팜이 좋은 평판을 얻고 있다고 자랑스러워했다.

큰 병원들은 구매 액수가 크고 품목이 다양하다 보니 약국처럼 매일 또는 매주 주문하는 것이 아니라 연말이나 연초에 입찰을 통해 일정 기간 구매 계약하는 것을 원칙으로 한다. 그런데 중간에 신제품이 나오거나 급하게 필요한 약은 수의계약으로 구매하는 경우가 생긴다.

"그럴 때는 티제이팜에 먼저 견적서를 요청하는 병원이 많아요. 저희를 믿는다는 증거죠. 특히 국공립병원처럼 대형 병원에서는 외국 제약사의 의약품을 많이 쓰는데 외국 제약사들은 국내의 모든 도매업체를 상대하지 않아요. 거점별로 도매업체 한 곳과 독점 거래하는 게 그들의 거래 방식이거든요. 세계적으로 유명한 A제약사도 권역별로 전국에 5~9개 도매업체와만 거래합니다. 그중에서도 고가 약품군은 서울/경기 2개, 부산 1개, 대구/경북 1개, 충청/호남 지역 1개 도매업체와 거래하죠. 티제이팜은 충청과 호남을 담당하고 있어요. 그래서 충북대, 충남대, 전북대, 전남대 병원에는 우리 회사만 그 약품군을 공급할 수 있습니다. 이런 구조이다 보니 우리 회사가 입찰 시장에서 경쟁우위에 설 수 있는 거고요."

대화가 무르익었을 때 나는 티제이팜이 단기간에 양적, 질적으로 약진한 성공 비결을 물었다. 설 전무는 이를 세 가지로 정리했다.

"첫째는 '병원 입장에서 생각하기'입니다. 2년 연속 우수 협력업체상을 준 서울아산병원의 경우, 저희는 그 병원만을 위해 두 대의 전담 수송 차량을 운행하고 있어요. 한 대는 오전 차량, 또 한 대는 응급 차량입니다. 운송 관련 비용이 두 배가 들지만 병원에서 필요한 것이므로 투자를 아끼지 않았습니다. 또 때에 따라서는 특정 제약사의 특정 약품이 품절되는 경우가 생기는데 저희는 어떻게 해서든 그 약을 구해드립니다. 때로는 손해를 보면서까지요. 한 병원 구매팀장이 이런 이야기를 하더라고요. '티제이팜처럼 품절된 약을 구하려고 노력하는 도매업체들이 흔치 않다. 여러 병원 구매팀장들이 모이는 자리에서 들어보면 티제이팜이 도매업체 중 가장 신속하고 진료하는 데 어려움이 없도록 해준다고 하더라.' 저희 모토를 병원들도 알아주는 것 같아 고마웠습니다.

둘째는 좀 간단한 건데요. 우리 병원사업부 직원이 저를 포함해 9명인데 제가 병원사업부를 맡고 나서 퇴사한 사람이 한 명도 없습니다. 그러니까 2018년부터 지금까지 6년 동안 모두가 병원사업부에서 근무하고 있는 거죠. 아까 말한 서울아산병원 담당 직원은 6년째 같은 병원만 담당하고 있어요. 그런데 다른 도매업체 직원들은 계속 바뀌죠. 그러다 보니 아산병원의 약재실과 구매팀 직원들과 친해질 수밖에 없어요. 쉽게 말해 아산병원의 구매 패턴이나 거래 프로세스 등에 통달해 있다는 것입니다. 병원 입장에서는 아무래도 저희와 거래하는 게 효율적이지요."

세 번째는 두 번째 비결과 밀접한 관계가 있는 이야기였다. 병원사업부 직원들은 설 전무가 부임한 이래 왜 아무도 퇴사하지 않았을까?

"저는 직원들한테 항상 말해요. '우리는 평생 같이 갈 사람들이다. 우리는 하나가 되어 함께 움직일 사람들이다. 그러니 조금이라도 힘든 게 있으면 터놓고 이야기해라. 시정할 것이 있으면 빨리 시정해야 서로 편히 함께 할 수 있다'고요. 직원들한테 심리적 안정감을 주는 거죠. 회사에 불만을 이야기했을 때 그 의견이 반영되는 것을 본 직원들은 안정감을 가지고 일에 몰두할 수 있습니다. 가정이 편해야 바깥일도 잘한다는 말이 있잖아요. 조직도 마찬가지예요. 회사에서 마음이 편해야 병원이나 약국에 가서도 여유로운 마음으로 대할 수 있는 것 아니겠어요?

예를 들면 얼마 전에 우리 직원이 회사 트럭을 주차해 놨는데 누가 치고 갔어요. 차를 수리해야 하는 상황이었죠. 그런데 바쁜 일을 먼저 처리하느라 며칠이 지나서야 보고가 올라왔어요. 사고 처리를 하려면 보고가 바로 올라왔어야 하는데 시간이 지나버려서 일 처리가 난처해졌죠. 그런 상황에서 제가 할 일은 부회장님께 보고를 잘해서 그 직원을 보호하는 겁니다. 중간 역할만 잘해도 직원을 도울 일들이 많더라고요."

부드럽게 미소 짓는 설 전무의 얼굴에 자애로움이 묻어났다. 아이가 실수해서 혼나면 어쩌나 무서워하고 있을 때 엄마가 '걱정하지 마. 엄마가 책임져 줄 테니 너는 걱정하지 않아도 돼.' 하고 말하는 듯했다.

"병원사업부에서 다루는 약은 항암제나 연골 재생 주사제 등과 같이 단가가 비싼 약들입니다. 그래서 제약회사에 발주를 넣을 때 작은 실수라도 하게 되면 손실 금액이 클 수밖에 없어요. 만약 1㎖

약품을 발주해야 하는데 5㎖ 약품으로 잘못 발주하면 회사 입장에서는 큰 손실이죠. 반품도 되지 않거든요.

　이런 상황이 생겼을 때, 저는 직원의 실수에 초점을 맞추는 것이 아니라 제가 그 제품들을 처리할 수 있는 방법을 찾아 나섭니다. 30년 넘게 이 일을 해왔기 때문에 아는 사람이 많아요. 제약사도 많이 알지만 도매업체 관리자도 많이 알지요. 그래서 이런 경우 다른 도매업체에 전화해서 '우리에게 이런 제품이 있는데 도도매로 받아 가면 좋겠다'고 제안합니다. 대부분의 도매업체는 제약사한테 직접 받으려 하지 도매상 약을 받으려 하지 않지만 오랫동안 쌓아온 상부상조의 신뢰와 인간관계를 기반으로 문제를 해결해 나가는 거죠. 열심히 일하다가 생긴 실수인데 그것을 탓하면 안 된다고 생각해요. 오히려 직원들이 마음 놓고 일할 수 있도록 책임져주는 것이 제가 해야 할 일입니다."

직원의 실수는 자신이 책임질 일이라고 말하는 설 전무의 어깨가 태산만큼 커 보였다. 이런 리더를 경험한 직원이라면 어찌 스스로 책임감을 느끼고 일하지 않을 수 있겠는가.

찾아보니 방법은
여러 가지가 있어요

창의성은 펀(fun)한 지능입니다.

- 알버트 아인슈타인

────

　태전약품에서 미디어와 PR *Public Relations* (광고)을 총괄하는 임철환 이사는 태전에 합류하기 전 국내 공중파 방송사인 A사에서 교양과 예능 프로그램의 PD로 일했다. "의약품 도매회사에 PD가?" 하는 호기심에 그를 만나 태전에서 미디어와 PR은 어떤 목적을 위해 필요하고, 기억에 남는 결과물이 있다면 어떤 것이 있는지를 물었다.

　"태전그룹이 중요하게 생각하는 역할 중 하나가 약국이 단골손님을 많이 확보할 수 있게 돕는 거잖아요. 그래서 약국에 도움이 될 수 있는 여러 가지 일을 해왔습니다. 제일 먼저 떠오르는 건 '미디어보드 *media board* '라는 건데요. 약사님들은 대개 고객에게 해주고 싶은 이야기가 있어도 자세하게 설명할 시간이 없어요. 그 현실에 착안해서 2018년부터 만들고 있는 콘텐츠 송출 서비스예요. '질환별 바로 알기', '귀에 쏙쏙 약 이야기', '딱 좋은 온 가족 건강기능식품', '건강한 푸드 레터' 등 카테고리별로 간단하게 3~4장 형태의 카드뉴스를 만들어 약국에 설치된 대형 모니터에 송출하는 거죠. 약이 조제되기를 기다리는 동안 손님들이 볼 수 있게요.

저는 방송국에서 1~2시간 정도의 교양 예능 프로그램을 제작했던 터라 기승전결이나 호기심, 반전 등으로 이루어지는 콘텐츠에 익숙해 있어요. 그런데 미디어 보드의 영상은 30초에서 길어도 2분을 넘기면 안 돼서 결과물을 만드는 게 오히려 더 어렵더라고요. 약국에서 자기 약이 나오기를 기다리는 손님들의 시선을 사로잡으려면 평소 그들이 매우 궁금해하거나 약사님이 전달하고 싶은 내용으로 만들어야 하는데 짧은 시간 내에 핵심 메시지를 전달하기가 쉽지 않더라고요. 그럼에도 2018년부터 지금까지 총 2,000여 건의 콘텐츠를 제작해서 약국에 제공하고 있습니다."

2,000여 건이라니 2018년부터면 약 6년 전인데, 그러면 1년에 300건, 일요일만 빼고 하루에 한 건씩 만든 셈이다. 내가 매우 놀라자 임 이사는 혼자 만든 게 아니고 팀원들과 함께 만든 거라며 멋쩍어했다. 그러면서도 약사님들이 좋아하니 보람 있고, 그 과정에서 방송국에서는 경험하지 못했던 신선한 도전을 할 수 있어 재미있었다고 덧붙였다. 그에게 또 다른 프로그램도 소개해달라고 했다.

"흠, 약사님들이 유튜브에 동영상을 올릴 수 있도록 도와드렸던 일도 기억나네요. 방송사에서 일할 때 의사 선생님들이 방송에 출연하면서 명성을 얻는 것을 수없이 목격했거든요. 그래서 생각했죠. '약사님들의 방송 출연을 돕자!' 그런데 방송국에서 섭외가 오려면 어딘가에 노출되어 있어야 하잖아요. 팀원들에게 물었더니 유튜브가 가장 좋겠다고 하더군요. 더구나 약사님과 미팅하는 과정에서 유튜브에 관심 두는 분들이 많다는 것을 알게 되었어요. 영상을 찍고 싶은데 어떻게 해야 할지 몰라 시작도 못하고 계신 약사님도 여럿 계셨고요. 약사님이 어떤 내용을 전달하고 싶은지 말씀해 주시면 그 내용을 영상으로 제작하는 과정 일체를 지원해 드리겠다고 하니 일이 일사천리로 진행되었어요. 그렇게 만든 영상을 약국에서 볼 수 있게 하고 유튜브에도 업로드했죠. 많은 사람이 시청하더라고요."

방송사에서 만드는 수준으로 영상이 제작·배포되자 약사들 사이에서 금세 소문이 났고, 많은 약사가 '콘텐츠 제작에 참여하고 싶다.'고 문의해 오는 약사도 많았다. 그렇게 하나둘씩 영상을 만들다 보니 약사마다 관심 분야가 다르다는 것을 알게 되었다고. 소아과 옆의 약국에서는 아이들 관련 약을, 산부인과 옆의 약국에서는 여성들 관련 약을 다루고 싶어 해서 전문 분야별 콘텐츠를 기획하고 각 분야의 특성이 잘 드러나도록 영상을 제작했다고 한다. 예를 들어 아이들 약에 대한 콘텐츠에서는 웹툰 형식의 레이아웃에 애니메이션 효과를 활용하여 영상을 제작했다.

"얼굴이 노출되는 걸 부담스러워하는 약사님들은 팟캐스트 형식으로 음성만 담아 제작해 드리기도 했어요. 내용에 어울리는 자료나 화면을 적절히 편집해서 알차게 만들어 드렸죠. '복면 약사'라는 영상도 제작했는데요. 약사님들이 복면으로 얼굴을 가린 채 약에 관해 이야기하는 채널이에요. 당시 영상 제작에 참여할 약사님을 섭외하기 위해 블로그를 많이 찾아봤는데요. 그중 한 약사님의 블로그가 인상적이었어요. 그래서 연락드렸더니 영상 제작에도 호의적이고, 콘텐츠 차별화를 위해 복면을 쓰고 진행하자는 제안도 흔쾌히 받아주셨죠. 이렇게 시작한 '복면 약사'는 처음부터 반응이 뜨거웠어요. 약사회에서도 연락이 오고 기사 인터뷰 요청도 받았죠. 약에 대한 다양한 내용을 신랄하게 말해주는 영상에서는 우리 회사 PB 제품을 과감히 다루기도 했어요. 그렇게 2년여 동안 50편 정도의 콘텐츠를 제작했죠. 시즌1이 인기가 좋아서 시즌2까지 제작했습니다."

방송국 PD가 만들어 주는 영상이라니 약사님들이 좋아할 수밖에 없었을 것이다. 결이 다른 작품이 나왔을 테니까. 그는 약사들의 영상 콘텐츠를 만드는 것 외에 작업하면서 보람과 기쁨을 느낀 기억이 많다며 말을 이었다.

"태전약품 PB 제품의 홍보 마케팅도 다양하게 진행했는데요, 제품 특성에 맞게 광고를 제작해서 여러 온라인 채널에 홍보하는 거예요. 온라인 광고 콘텐츠는 유명 배우가 나오지 않아도 재미 요소가 들어가면 제품에 대한 호감도를 끌어낼 수 있어요. 다양한 채널을 통해 고객이 해당 브랜드의 약에 친숙해지면 약국에서 판매하는 게 수월해질 수 있다는 생각에 기획했죠.

제품명과 연계된 스토리를 만들어 웹툰 형식으로 제작하기도 했고, 제품 출시에 맞춰 특정 타깃을 대상으로 온라인 광고를 만들어 호응을 끌어낸 경우도 있어요. 예를 들면 숙취해소제의 경우 '술 많이 먹으면 개 된다'라는 말에 착안해 광고 콘셉트를 강아지가 주인공(일인칭 시점)이 되어 소개하는 방식으로 기획했는데요. 직장인 편, 이불킥 편, 여름휴가 편, 아침 편 등 숙취로 인한 다양한 에피소드와 연계하고, 광고 마지막에는 '진짜 숙취해소제는 약국에서 구입하세요'라는 메시지를 넣어 자연스럽게 고객을 약국으로 유도했지요. 그랬더니 방송사 예능 및 드라마 팀에서 연락이 와서 제품이 노출된 적도 있답니다."

그의 말을 듣다 보니 질문이 생겼다. 그를 추동하는 힘은 무엇일까? 녹록지 않은 여건 속에서 누가 시키지도 않았을 일을 스스로 찾아서 하게 만든 원동력은 과연 무엇일까?

"제가 PD 출신이잖아요. 저는 이 일이 너무 재미있어요. 제가 할 수 있는 일을 즐겼을 뿐인데 약사님들이 좋아하는 걸 볼 때면 짜릿한 희열이 느껴집니다."

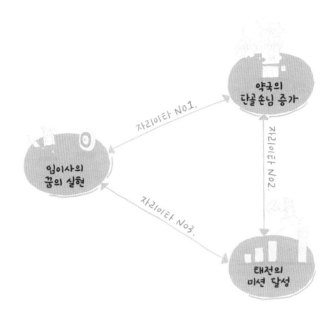

| 임 이사의 3중 자리이타 |

짧은 대답이었지만 많은 생각을 하게 했다. 자리이타의 또 다른 사례였다. 나도 좋고 상대도 좋은 일, 내가 좋아서 한 일인데 약사들이 행복해서 더 좋은 일 말이다. 아마도 약사들은 태전이 만들어준 유튜브 방송이나 미디어 보드를 활용해 단골손님을 늘리는 데 도움이 되었을 것이다. 그리고 이를 느꼈다면 태전에게(임 이사에게) 고마운 마음을 가졌을 것이다. 임 이사는 자신이 좋아하는 일을 통해 PD로서 이루고 싶었던 꿈을 향해 한 발 한 발 나아가고 있었다. 이런 게 바로 3중 자리이타가 아니겠는가.

단골손님 많은 약국의 성공 요인

티제이팜 영업사원들이 관찰한 좋은 약국 스토리

이 책을 쓰는 과정에서 만난 태전그룹 사장단(오영석 회장, 오경석 부회장, 강오순 대표)은 태전그룹의 미래는 약국의 성공에 있다고 입을 모았다. 그리고 약국의 성공은 약국이 얼마나 많은 단골손님을 확보하고 유지하느냐에 있다고 했다.

한편 앞서 기술한 것처럼 태전의 모든 직원은 약국에 실질적인 도움을 주기 위해 노력하고 있다. 그중에서도 약사들을 가장 자주 만나는 영업사원들은 실질적 도움을 주기 위해 "다른 약국에서는 이렇게 하던데요." 하며 조심스럽게 아이디어를 제공했다. 대부분의 약사는 약국을 운영하느라 바빠 주변 약국을 살펴볼 시간적 여유가 없는 반면, 내심 다른 약국들은 어떻게 운영하는지 궁금해하리라고 예상했기 때문이다.

이 이야기를 듣고 난 후 약사에게 실질적 도움이 될 수 있는 내용을 이책에 담기 위해 영업사원들에게 물었다.

"입지와 규모 등 여건이 비슷한 약국 중 단골손님이 많은 약국과 그렇지 않은 약국은 구체적으로 어떤 면에서 차이가 나는가?"

나와 영업사원이 협력해서 객관적인 핵심 성공 요인KSF, Key Success Factors을 찾아낼 수 있다면, 이 책을 읽을 약사 중 몇 분이라도 이 성공 요인에서 영감을 얻는다면, 그리고 그 영감을 지속적으로 실천해서 약국을 방문한 환자들에게 감동을 준다면, 그래서 그들이 단골이 될 수 있다면 좋은 일이 많이 생길 수 있을 것 같았다. 여러 사람에게.

핵심 성공 요인을 찾기 위한 조사 방법으로는 심층 인터뷰 방식을 쓰기로 했다. 경영학 분야의 연구자로서 지난 30년간의 경험에 비추어 볼 때 성과 높은 영업사원들이 관찰했던 '단골손님 많은 약국의 공통적 특징'을 찾아내기에는 설문조사를 통해 가설을 검증하는 방식보다는 심층 인터뷰가 적합하다고 판단했다. 게다가 조사를 통해 성공 요인의 구체적 내용을 밝혀내야만 그 조사 결과를 토대로 약사들이 실질적인 실행 방법을 결정하는 데 도움을 줄 수 있을 것이었다.

본격적인 심층 인터뷰를 하기 전에 파일럿 테스트의 일환으로 티제이팜의 김선주 부장과 김진영 차장을 만났다. 그들은 15년여의 경험을 지닌 노련한 영업사원답게 많은 이야기를 들려주었다. 그 내용을 잘 정리해서 나는 평소 잘 알고 지내던 약사 4명에게 보여주었다. 김 부장과 김 차장의 이야기가 영업사원의 편견인지, 아니면 약사도 공감할 수 있는 내용인지가 궁금했기 때문이다. 다행히 내 지인 약사들은 공감이 가는 내용이라고 했다.

두 가지 파일럿 테스트를 끝내고 나는 본격적인 심층 인터뷰에 들어갔다. 티제이팜의 영업관리부를 책임지고 있는 김봉진 이사와 각 지점을 맡고 있는 6명의 지점장을 줌*zoom*으로 만나기로 했다. 물론 원고와 미팅의 취지, 인터뷰 질문은 미리 보내두었다. 그리고 각 지점에서 영업을 제일 잘하는 직원 1~2명을 더 추천해달라고 부탁했다. 아래의 표는 2024년 1월 29일부터 2월 5일까지 지점별로 45~65분가량 인터뷰를 진행한 일정과 참가자 명단을 정리한 것이다.

| 인터뷰 일정별 참가자 |

No.	일정	인터뷰 참가자	소속 지점
1	1월 29일(월) 17:00~18:00	김기우 지점장, 강영배 팀장	서부
2	1월 29일(월) 18:10~19:10	박태규 지점장, 홍승복 팀장, 황종성 부장	평택
3	1월 30일(화) 11:00~12:00	장정훈 지점장, 황종원 팀장	동부
4	1월 31일(수) 09:30~10:30	김영기 지점장, 이시후 팀장	인천
5	1월 31일(수) 13:30~14:30	김봉진 이사	영업관리부
6	2월 5일(월) 09:00~10:00	연진희 지점장, 마지영 팀장	대전
7	2월 5일(월) 11:00~12:00	김우진 지점장, 김창훈 팀장	북부

다음에 소개할 스토리들은 위에 소개한 14명과 김선주 부장, 김진영 차장이 내게 전해준 이야기를 정리한 다음, 그들의 검증을 받은 최종 내용이다. 본격적인 이야기를 시작하기 전에 그들의 이야기에 담긴 성공 요인들을 휴먼웨어, 하드웨어, 소프트웨어의 세 측면에서 정리한 결과를 마인드맵으로 표현하면 다음과 같다.

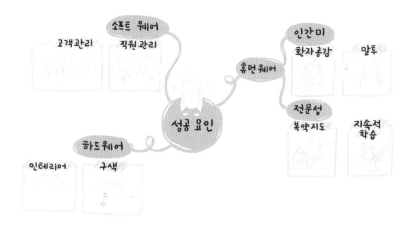

| 카테고리별 성공 요인 |

단골손님 많은 약국 스토리 베스트 3

기계식 세차와 손 세차는 섬세함이 다르잖아요 (김선주 부장)

"만약 기계식 세차와 손 세차의 가격이 똑같다면 교수님은 어디에 세차를 맡기겠어요?"

"그거야 당연한 거 아닌가요? 시간만 충분하다면 무조건..."

"그렇죠?"

김선주 부장에게 입지 조건과 규모가 비슷한 약국 중 손님들에게 사랑받는 약국과 그렇지 않은 약국을 한 개씩만 골라 이 둘을 가능한 한 구체적이고 자세하게 비교해 달라고 요청했더니 나에게 들려준 이야기다.

"교수님이 ○○시 ○○동에 사신다고 하셨죠? 마침 그 동네를 제가 담당하고 있어요. 거기 ○○라는 병원 아시죠? 그 근처에 있는 A약국과 B약국이 교수님이 물어보신 내용에 맞는 약국일 것 같아요.

A약국 약사님은 손님이 찾아와서 어떤 약을 달라고 하면 그냥 주지 않고 그동안 손님이 복용했던 약을 상세히 물어보세요. 기억이 안 난다고 하면 약봉지라도 들고 와 달라며 돌려보내고요. 그 약들을 다 확인한 후에야 비로소 '그러면 이 약이 좋겠어요' 하며 손님에게 적합한 약을 권하지요. 예를 들어 고혈압 약 중에 어떤 약을 먹고 있다고 하면 영양제 중에 피해야 할 것을 알려주는 거예요. 반면 B약국 약사님은 섬세하게 복약 지도를 안 하세요.

제가 아는 또 다른 약사님은 주요 처방이 소아청소년과와 이비인후과이다 보니 주로 젊은 엄마들이 많이 오더라고요. 아이가 열이 나면 해열제를 찾는데 열이 잘 안 떨어지는 경우 해열제 종류를 달리하여 몇 시간 간격으로 복용하면 되는지, 서로 다른 두세 개의 해열제를 비교하여 무엇이 같고 다른지에 대해 자세히 설명해 주세요. 아이의 성장과 회복에 도움 되는 비타민 샘플도 함께 드리고요. 손 세차를 기계식 세차와 같은 값에 해주고 워셔액까지 서비스로 넣어주는 것과 비슷하지 않나요?

또 요즘 사람들은 매체를 통해 약에 대한 상식을 많이 접하잖아요. 그런데 A약국 약사님은 블로그나 유튜브에서 얻을 수 있는 지식에 더해 약사만이 알고 있는 세부적인 정보를 알려주더라고요. 예를 들어 같이 먹어도 되는 약과 절대 같이 먹지 말아야 할 약 간의 상관관계는 전문 지식이 필요한 영역이잖아요. 뭔가 묻지 않으면 굳이 설명하지 않는 약사님들과 차별화되는 부분이죠. 손님들이 약에 대해 전문적인 복약 지도와 구체적인 상담을 받을 수 있는 약국을 선호하는 건 당연하죠.

그리고 A약국 약사님은 약을 대량으로 구입하거나 좀 비싼 약들을 사간 손님에게는 양해를 구하고 전화번호를 받더라고요. 그러고는 10일이나 15일쯤 됐을 때 손님에게 전화를 해요. '약 드시고 몸에 반응이 어떻냐?'고 물어보시는 거죠. 약사가 기억하고 있다가 몸 상태를 체크해 주니 손님 입장에서는 정말 고맙지 않겠어요?

또 하나, 대개 문전 약국처럼 규모가 큰 약국에는 '약국장님'이라고 부르는 주인과 '근무약사'라고 부르는 직원이 같이 근무를 하는데요. 단골손님이 많은 A약국은 약국장님이 아침부터 문 닫을 때까지 근무약사님들과 같이 근무를 하고, B약국은 약국장님이 자주 자리를 비우거나 아예 퇴근 무렵에 잠깐 들러 그날 매출만 확인하더라고요. 요즘은 상담을 통해 손님들의 건강 상태를 파악해서 판매하는 약국 전용 브랜드들이 있어요. 그런데 근무약사님들은 그런 약은 잘 판매하지 못해요. 전문적인 지식이 있어야 할 수 있는 일인 데다 굳이 비싼 약을 팔아야 할 이유가 없잖아요. 그런데 A약국 약사님은 약국장이면서 종일 근무약사님들과 같이 근무하다 보니 비싼 약을 살 가능성이 있는 환자가 오면 본인이 직접 상담도 하고 판매도 아주 잘하시더라고요."

약국장이 약국에 종일 머무르며 손님이 이전에 처방받은 약까지 고려하여 복약 지도를 하고 사후 관리도 하는 약국! 이런 책임감 있게 약을 판매하는 약국이라면 누구라도 가고 싶을 것이다.

내가 친한 동네 약사를 돕는 거죠 (김우진 지점장과 김창훈 팀장)

"제가 이야기할 스토리의 주인공은 서울 ○○구 ○○동의 한 약국 약사님이에요. 제가 약국을 방문했을 때 여러 번 목격한 광경인데, 저랑 이야기하다 약사님이 갑자기 창밖을 향해 손을 흔드는 거예요. 바깥에 동네 주민으로 보이는 사람도 지나가다 반갑게 손을 흔들더라고요. 가끔은 동네 분들이 약을 사러 온 게 아니라 친한 친구 집에 들르듯 신변잡기 이야기 몇 마디하고 가요.

그리고 몸이 불편한 손님이 오면 약사님이 직접 나가서 문을 열어주세요. 휠체어를 타고 있으면 아예 바깥으로 나가서 처방전을 받아오고요. 약국 출입구에 문턱이 있어 휠체어가 들어오기 힘들거든요. 약을 조제한 후에는 어김없이 약사님이 직접 나가서 전달도 하고 복약 지도도 하세요. 이런 모습을 저만 목격한 게 아니라 다른 손님들도 여러 번 보았어요. '우리 동네에 이렇게 따뜻한 약사가 있어 얼마나 행복한가?' 다들 그런 표정이더라고요. 더 특이한 사실은 동네 분들이 청첩장이나 부고를 약사님에게 전달하는 거예요. 약사님은 친한 지인의 일처럼 직접 가서 축하도 해주고 위로도 해주시죠. 그냥 동네 친한 이웃이에요.

그 약국 근처에 병원이 하나 있었는데 3년 전에 없어졌어요. 그런데 규모나 입지 면에서 비슷한 근처 약국들에 비해 전문약 매출이 훨씬 높아요. 저희 티제이팜하고만 거래하는 게 아니니까 정확한 매출 규모를 알 수는 없지만 3~4배 정도 많다고 보면 될 거예요. 동네 분들이 종합병원에 가서 처방전을 받아도 그 근처 문전 약국에 가지 않고 이 약국으로 오기 때문이죠. 동네 약국이니까 약이 바로 나오지 않을 걸 알면서도 내일이든 모레든 조제 끝나면 연락 달라며 기다리더라고요. 친한 우리 동네 약사니까 믿고 맡길 수 있다는 느낌을 받았어요."

똑같은 문전 약국의 약국장만 바뀌었는데 (작자 미상)*

인터뷰 도중 조건이 완전히 똑같았는데, 약국장이 바뀌고 나서 성과가 크게 달라진 약국을 만났다. 이야기의 주인공은 한 문전 약국의 부부 약사님이었다. 남편이 운영했을 당시는 실패, 아내가 이어받은 후에는 1년 만에 성공. 그야말로 성공 요인을 찾기에 이보다 더 좋은 사례는 없을 듯했다.

대학병원 문전 약국 중 하나인 이 약국에는 근무약사가 3명, 직원까지 합하면 10명이 근무하는 꽤 큰 약국에 속했다. 문전 약국인 만큼 당연히 처방전 위주였다. 같은 약국에서 일어난 일이므로 주차 편리성, 접근성 등 모든 조건은 완벽하게 같았다.

"남편 약사님은 좀 무뚝뚝한 분이었어요. 무뚝뚝한 건 타고난 성격

---

* 실패 사례를 소개할 때는 스토리의 주인공에게 의도치 않은 피해가 가지 않도록 익명성을 강화했다.

이니 아무 잘못 없지만, 문제는 손님들이 그분을 불친절하다고 느꼈다는 거예요. 남편 약사님은 자신이 해야 할 일, 즉 처방전에 따라 가능한 한 빨리 조제하는 것에만 집중했어요. 그런데 대체로 근무약사님들은 약국장을 그대로 따라 하는 경향이 있거든요. 그분들도 말없이 빨리빨리 처방전을 처리하는 거예요. 어쩌다 복약 방법을 설명하더라도 약국장님과 비슷하게 사무적이고 딱딱하게 들렸죠.

대학병원에 와서 진료받는 환자들은 나름 위중한 분들이 많아요. 신경이 예민해 있는 상태이다 보니 말투에도 민감하게 반응하곤 하죠. 특히 문전 약국은 여러 개 약국이 한데 모여 있어서 조금이라도 더 친절한 약국이 있으면 그리로 몰리지요.

그러던 어느 날 같은 약사였던 아내가 이런 정황을 목격하고는 어렵사리 키운 약국 망하겠다며 본인이 약국장을 맡았어요. 그리고 나서 그야말로 대반전이 일어났죠.

여자 약사님은 부드럽고 섬세하게 환자들을 대했어요. 손님들은 기다리는 시간이 다소 늘어나긴 했지만, 쾌적한 분위기로 실내를 바꾸고 차 마시는 공간도 꾸며 놓으니 대기 시간이 늘어나도 기꺼이 감수하더라고요. 게다가 여자 약국장님은 근무약사님과 직원들도 가족처럼 따뜻하게 대해주었어요. 그랬더니 그분들도 손님을 약국장님이 하는 것처럼 대하는 거예요. 근무약사님과 직원은 대부분 약국장님이 하는 대로 행동하거든요.

그 후 1년 정도 지났을 때 약국 매출이 남편 약사님이 맡았던 시절보다 두 배로 뛰었어요. 그 뒤로도 해마다 꾸준하게 성장하는 걸 보고 깜짝 놀랐죠. 약국장의 성향이 그렇게 큰 차이를 불러올 줄 정말 몰랐어요."

성공 요인별 상세 내용

인터뷰 대상자들은 한 사람도 빠짐없이 그동안 경험했던 약사들로부터 보고 들은 내용을 들려주었다. 앞서 기술한 3개의 스토리에서도 일부 성공 요인을 알 수 있지만, 나는 그들이 들려준 성공한 약사들의 수많은 노하우를 가능한 한 체계적이고 자세하게 설명하고자 한다. 고심 끝에 나는 성공 요인을 3개의 큰 카테고리로 나누고 8개의 세부 성공 요인으로 정리했다.

1. 휴먼웨어

약사 개인에 관한 내용인 휴먼웨어가 총 8개의 세부 성공 요인 중 무려 4개나 되었다. 환자의 건강과 생명에 지대한 영향을 미치는 약사라는 직업의 특징이 그대로 반영된 결과였다.

나는 휴먼웨어에 해당하는 4개 요인을 다시 두 부류로 나누어 '인간미'와 '전문성'이라고 명명했다. 그리고 이 두 가지 요인은 덧셈(+)이 아니라 곱셈(×)의 관계라는 결론에 도달했다. 둘 중 하나라도 0이면 답은 0이 되는 관계인 것이다. 물론 인간미가 없어도 전문적이라면 신뢰할 수는 있을 것이다. 그런데 전문성은 비슷한데 인간미가 조금이라도 좋은 약사가 운

| 카테고리별 성공 요인과 개략적 내용 |

구분	성공 요인		No.	개략적 내용
휴먼웨어 (Human-ware)	인간미	환자 공감	1	- 손님을 손님이 아니라 환자로, 동네 이웃처럼 나아가 가족으로 생각하고 그들이 약국에 오는 것을 편안하게 느끼도록 배려하는 마음을 가짐.
		말투	2	- 환자의 건강 상태, 나이, 성별, 직업 등 개인별 특징을 반영하여 말투를 선택함. - 먼저 충분히 듣고 공감해 준 다음, 환자가 필요로 하는 내용에 대해 전문성을 토대로 명확하게 설명하되 어려운 전문 용어를 피하고 쉬운 단어를 사용함.
	전문성	복약 지도	3	- 함께 복용하면 시너지가 나는 일반약과 건강기능식품을 추천함. - 질의응답을 통해 상세하고 진정성 어린 맞춤식 복약 지도를 수행함.
		지속적 학습	4	- 한방약, 일반약, 건강기능식품 등에 대한 최신 정보와 지식을 습득하고 자신의 전문성을 지속해서 심화시킴.
하드웨어 (Hardware)	인테리어		5	- 처방전 제출과 약값 계산을 위한 카운터, 대기용 의자, 정수기 등을 환자의 동선을 고려하여 배치함. - 일반약과 건강기능식품 진열대를 찾기 쉽게 표시함.
	구색		6	- 방송 등 광고에 많이 나오는 제품들을 구비함. - 약국 경영에 도움을 줄 수 있는 역매품(역점 판매 제품)을 로얄존(골든존)에 진열함. - 현재 재고가 없는 약을 일정 시점까지 꼭 구해주기로 약속하여 추후 재방문하도록 유도함.
소프트웨어 (Software)	고객관리		7	- 환자 본인은 물론, 그 가족 등에 관하여 상세한 정보를 수집하여 재방문 시 활용함. - 건강에 관해 평소에 유의해야 할 사항을 서면으로 안내함. - 적정한 시점에 재구매의 필요성을 전화, 문자 또는 카카오 알림톡으로 상기시킴.
	직원관리		8	- 약국장이 최대한 오랜 시간 동안 약국에 상주함. - 근무약사와 직원을 가족처럼 따뜻하게 대하고 이들에게 자신의 노하우를 전수함.

영하는 다른 약국이 있다면 그 약국을 재방문할, 즉 그 약국의 단골손님이 될 확률은 'O'이 된다. 반대의 경우도 마찬가지다.

환자들이 느끼는 약사의 인간미를 구성하는 요인은 무엇일까? 환자에게 잘 보이는 면은 약사의 '말투'이고, 잘 보이지는 않지만 곧 눈치채게 되는 면은 '환자를 공감해 주는 마음'일 것이다. 마음이 있어야 말투가 좋아질 수 있다는 점에서 '마음'에 대해 먼저 이야기해 보자.

"환자들이 부담 없이 가고 싶은 곳은 편안함을 주는 약국이죠. 이건 인지상정이에요. 친구를 생각해 보세요. 어떤 친구를 자주 만나고 싶은가요? 나를 편안하게 해주는 친구인가요? 까칠한 친구인가요?" (김봉진 이사)

"약국은 두 부류로 나뉘더라고요. 한쪽은 손님을 동네 이웃이나 가족처럼 대하는 약국이고, 다른 한쪽은 그냥 손님으로 보는 약국이에요. 젊은 시절 당구장에 갔는데 당구장 주인이 이름을 불러주면 기분이 좋았던 기억이 있어요. 그런 거죠, 뭐." (장정훈 지점장과 황종원 팀장)

"제가 존경하는 한 약사님은 나이 드신 어르신이 병원에서 처방전을 받아오자 유심히 훑어보더니 병원에 전화를 하더라고요. '난 이 처방대로 약을 조제할 수 없다. 이분이 계속 아프다고 하니 수면제를 과다 처방한 것 아니냐.' 참 대단하죠? 이 약사님은 어르신을 손님이 아

닌 아버지처럼 생각하는 거잖아요.'(작자 미상) *

이번에는 약사의 인간미를 구성하는 요인 중 환자에게 잘 느껴지는 '말투'를 들여다보자. 과연 단골손님이 많은 약국의 약사들은 어떤 말투를 구사할까?

"오랜 시간 약사로 일해온 한 약사님은 환자가 약국 문을 열고 들어올 때 느낌이 온다는 거예요. '이 환자는 아무 말하지 않고 기다려주자', '이 환자에게는 따뜻한 말 한마디를 건네는 게 좋겠다' 등등. 환자의 움직임, 표정, 행동 패턴을 보고 순간적으로 판단한다는 거죠. 추임새라든가 표정 같은 비언어적인 수단이 약사 자신의 마음과 함께 환자에게 전달되는 것 같더라고요."(김봉진 이사)

"요즘 환자들은 약에 관한 정보를 찾기 쉬운 환경이잖아요. 그러다 보니 환자 중에는 약사에게 따지듯 자기가 아는 내용을 피력하는 사람들이 있어요. 제가 아는 약사님은 이럴 때 '그건 잘못된 정보'라는 식으로 논박하지 않더라고요. 그냥 고개를 끄덕이면서 '그런 이야기를 들으셨군요.' 하며 일단 상대 의견을 존중해요. 그런 다음 본인이 알고 있는 지식과 경험을 토대로 환자가 놓치고 있는 부분을 이야기해 주죠. 그러다 보니 환자들이 약사님 말에 신뢰를 갖더라고요. 그런

※ 작자를 밝히지 않는 이유는 앞서 설명한 이유와 같다(p105 참조).

경험을 한 환자는 약국이 좀 멀어도 꼭 찾아가게 되지요."(김봉진 이사)

"잘하는 약사님들은 환자의 연령대별로 호칭을 다르게 불러요. 어르신께는 '어머님', '아버님'이라고 부르면 되지만 자기보다 젊은 사람을 부를 때는 좀 어렵잖아요. 그런데 이 약사님은 아무리 나이가 어린 사람이 와도 '선생님'이라고 불렀어요. 그러면 환자들도 존중받는 느낌이 들지 않겠어요? 그리고 이 약사님은 그 누구에게도 손님이라는 호칭을 안 쓰세요."(김기우 지점장과 강영배 팀장)

"제가 아는 한 약국은 전통시장 안에 있어서 나이 든 어르신이 많았어요. 귀가 어두운 분들도 있고요. 그래서 약사님은 그분들이 제대로 알아들을 수 있게 큰 목소리로 말하더라고요. 그리고 약사들이 주로 쓰는 전문 용어 대신 쉬운 용어를 쓰고요."(김진영 차장)

휴먼웨어의 두 번째 카테고리는 '전문성'이라고 부르기로 했다. 영업사원과의 인터뷰 내용을 분류해 보니 전문성에도 두 가지 측면이 있었다. 나는 이를 각각 '복약 지도'와 '지속적 학습'이라 지칭하기로 했다. 약사의 복약 지도는 '식후 30분, 하루에 세 번'이 전부인 줄 알았던 나에게 영업사원들은 전혀 다른 세상을 보여주었다.

"처방전대로 조제한 다음, 해당 질환 개선에 도움을 줄 수 있거나 장기간 복용하는 약으로 인해 고갈될 수 있는 영양소를 설명해 주는 거죠. 끼워 팔기가 아닐까 하는 의구심은 약사님의 지식과 경험에 입각한 설명을 듣고 나면 사라지게 돼 있어요. 예를 들어 당뇨는 일부 미네랄이 부족해지면서 발생할 수도 있고 당뇨약을 장기간 복용하면 오히려 몸속에 필요한 영양소가 고갈된다는 설명을 들으면 약사님을 더 신뢰하게 되지요. 홈쇼핑에서는 알 수 없는 내용이니까요." (장정훈 지점장과 황종원 팀장)

"한 약사님은 기본적인 복약 지도를 한 다음에 꼭 환자분에게 질문을 받아요. 시간도 많이 들고 대답하기 어려운 질문이 나올 수 있는데도 말이죠. 그런데 그 효과는 상당히 컸어요. 환자 입장에서 보면 '이 약사님은 나의 건강 회복에 진심으로 관심이 있구나'라고 생각하게 되니까요. 사실 전문가인 약사님이 답하기 어려운 질문은 많지 않을 거잖아요. 그리고 질문을 하라고 하는 것 자체가 약사의 자신감을 보여주는 것이죠. 게다가 실제로 약에 대한 기전 등을 정확하게 설명해 주니 단골손님이 많이 생기더라고요." (김기우 지점장과 강영배 팀장)

"제가 아는 약국에는 조제실 안에 상담 구역이 따로 있었어요. 약사님은 손님과 상담 시간을 따로 잡으세요. 낮에는 손님도 바쁠 수 있고 약국도 붐비니 주로 저녁 시간에요. 손님이 약을 살지 안 살지 모르는 데도 거의 1시간씩 아주 세부적으로 상담해 주더라고요." (김진영 차장)

약사의 전문성이라는 카테고리에 포함된 또 하나의 성공 요인은 '지속적 학습'이다. 사실 상세한 복약 지도가 동전의 앞면이라면 지속적 학습은 동전의 뒷면이다. 공부를 해야 잘 가르칠 수 있는 건 나처럼 학생들을 가르치는 사람뿐만이 아니다.

"이 약사님은 한방약과 건강기능식품에 관심이 많으셔서 꾸준히 공부하더라고요. 일반약이나 건강기능식품에 대해 손님들은 TV 광고에서 본 지식이 전부이고 관심이 많은 분이라 해도 블로그나 유튜브의 수준을 넘지 못하거든요. 그런데 이 약사님은 꾸준히 공부를 하니 환자들이 어떤 약을 찾으면 그와 비슷한 성분을 가진 것을 최소 서너 개는 비교 설명해 주더라고요. 그런 약사님의 설명을 들으면 신뢰가 가지 않겠습니까?"(연진희 지점장과 마지영 팀장)

이 말을 듣다 보니 문득 최 약사가 내게 했던 이야기가 떠올랐다(최 약사는 김선주 부장의 원고를 읽고 책 속 부록이 좋은 생각이라고 말해준 나의 지인이다). "공부해야 한다는 걸 모르는 약사는 아마 없을 거예요. 약사 20년 차인 저도 매일 절절하게 느끼니까요. 자고 일어나면 신제품이 쏟아져 나오고 건강기능식품은 말 그대로 넘쳐흐르거든요. 그런데 알다시피 약사들은 정말 바빠요. 게다가 인터넷에는 검증되지 않은 정보들이 범람하고 있으니…."

이 대화에서 힌트를 얻어 조교의 도움을 받고 에이오케이에 근무하는 지수연 약사의 검증을 받아 가장 조회수가 많고 약사에게 도움이 될 거라 생각되는 유튜브 채널과 블로그를 여기에 싣는다(2024년 기준).

비타민 정보

리틀약사: https://in.naver.com/littleyaksa

오드리약사: https://in.naver.com/odri

김약사: https://blog.naver.com/ksmhhj

약 복용법/ 리뷰

여신약사: https://in.naver.com/yeosin_yaksa

힐링약사: https://in.naver.com/healing

핑크북 정약사: https://blog.naver.com/the_pinkbook

의학상식 설명

조약사: https://in.naver.com/seoulvitamin

호랭이 약사: https://in.naver.com/iampharm

초보맘 쩐약사: https://blog.naver.com/yepp1680

퇴경아 약먹자: https://www.youtube.com/@gotoe

약사가 들려주는 약이야기: https://www.youtube.com/@yakstory119

오징어 약사 TV: https://www.youtube.com/@Ojingeryaksa

약짱TV: https://www.youtube.com/@yakjjang

리틀 약사: https://www.youtube.com/@littleyaksaTV

진약사 톡: https://www.youtube.com/@jinpharmacisttalk

김약사 TV; https://www.youtube.com/@kimyaksa_tv

바른약 바르게_알쓸신약: https://www.youtube.com/@_-hw6oi

대박난 박약사: https://www.youtube.com/@user-bu1wf5ts1q

2. 하드웨어

영업사원들이 관찰한 단골손님 많은 약국의 하드웨어란 약국의 실내

환경을 뜻하는 인테리어와 약국이 갖추고 있는 전문약, 일반약, 건강기능 식품, 기타 의료기기의 구색을 말한다. 먼저 약국을 방문한 환자의 눈에 가장 먼저 들어오는 '인테리어'를 살펴보자.

"약국에 들어서면 환자는 처방전을 제출하고, 순서를 기다리다 약이 나오면 복약 방법에 대한 설명을 듣고 약값을 계산하고 나오잖아요. 그래서 일단 동선이 편리해야 해요. 문전 약국처럼 큰 약국을 설계할 때는 대부분 전문 인테리어 회사에 맡기기 때문에 상관없지만, 작은 동네 약국은 환자를 고려해 동선 설계하는 게 기본이더라고요. 기다릴 때 앉아 있을 공간과 의자가 좀 더 쾌적하면 금상첨화죠." (김영기 지점장과 이시후 팀장)

"약을 사러 약국에 왔는데 종류별로 정리가 잘 되어 있으면 원하는 제품을 찾기가 쉽겠죠? 그래도 사고 싶은 제품을 찾다가 못 찾으면 물어봐야 하는데요. 제가 가본 약국 중에 진열대 맨 위쪽에 큰 글씨로 1, 2, 3, 4 이렇게 번호를 붙여놓은 약국이 있었어요. 그렇게 해놓으니 '고객님 그 약은 3번 진열대 위에서 네 번째 선반에 있습니다' 하고 안내할 수 있더라고요." (김우진 지점장과 김창훈 팀장)

다음으로 '구색'에 대한 영업사원의 관찰 결과를 세 가지만 소개한다.

"최신 트렌드에 맞게 구색을 갖추어 놓는 것이 중요해요. 방송에 나오거나 사람들이 많이 찾는 제품을 신속하게 구비해 놓는 거죠. 평소 광고에서 많이 접하던 약들이 진열되어 있으면 트렌드에 발 빠르게 움직이는 약국이라는 생각에 손님들이 만족해하더라고요." (김영기 지점장과 이시후 팀장)

"대형 마트뿐만 아니라 동네 마트 진열대에도 소위 로열 존(골든 존)이 있습니다. 눈높이보다 약간 높고 손을 뻗으면 바로 닿는 부분이죠. 약국 진열장도 똑같아요. 단골손님이 많은 약국은 이 자리를 유난히 잘 관리하는데요. 손님들이 약을 기다리면서 머무를 때 잘 보이는 위치에 이런저런 제품을 진열해 두는 게 중요해요." (연진희 지점장과 마지영 팀장)

"손님이 찾는 약이 약국에 없을 때 단골손님이 많은 약국과 그렇지 않은 약국은 결정적인 차이가 있어요. 손님이 많은 약국은 찾는 약이 없어도 손님을 절대로 그냥 돌려보내지 않아요. 지금은 없지만 언제까지 준비해 놓겠다며 최대한 놓치지 않으려 하죠. 그리고 손님 보는 앞에서 크게 메모해요. 손님도 볼 수 있게요." (연진희 지점장과 마지영 팀장)

3. 소프트웨어

영업사원들이 관찰한 단골손님이 많은 약국의 소프트웨어란 단골손님을 유치하고 유지하기 위해 약국에서 사용하는 각종 수단을 의미한다. 영업사원들이 관찰했던 다양한 방법과 도구를 면밀히 검토한 결과, 소프트웨어도 두 가지 측면으로 구분할 수 있었다. 하나는 '고객 관리를 위한 방법과 도구'이고, 또 다른 하나는 '직원관리'였다. 먼저 '고객 관리를 위한 방법과 도구'에 대한 내용을 살펴보자.

"단골손님이 많은 약국이니 어찌 보면 당연한 일이지만 이 약국들은 예외 없이 고객 정보를 수집하고 관리하고 있었어요. 고객 관리 카드는 그 형태와 내용이 다양해요. 어떤 약사는 노트에 고객별로 어떤 내용의 상담을 했는지, 어떤 제품을 언제 얼마나 구입했는지, 연령이나 건강 상태 등의 정보를 기록해 두었어요. 고객 본인뿐만 아니라 가족까지 세밀하게 파악하는 약사님도 있었고요. 어떤 약사님은 누구 소개로 왔는지, 자녀의 이름은 무엇인지 등을 기록해 두고 해당 고객이 방문했을 때 자녀의 안부를 묻더라고요."(연진희 지점장과 마지영 팀장).

"상담한 손님이 제품을 구입해 약국 문을 나서려는 순간 기발한 아이디어를 실천하는 약사님도 있었어요. 손님이 약국을 나갈 때 몸에 좋은 음식과 그렇지 않은 음식이 일목요연하게 정리된 종이 한 장을 주는 거죠. 사실 약사는 비슷한 이야기를 하루에도 수십 번 하게 되는데, 이는 시간이 걸리는 일이기도 하고 손님도 들을 때는 기억하는 것 같지만 돌아서면 잊어버리기 쉽잖아요. 그런데 이 종이 한 장의 위력은 대단하더라고요."(김우진 지점장과 김창훈 팀장)

"고객 관리 카드를 잘 활용하는 약사님도 있었어요. 혈압이나 당뇨처럼 주기적으로 재구매해야 하는 약이 떨어져 갈 시점에 전화해서 고객의 몸 상태를 확인하고 약이 필요할 때가 되었음을 상기하게 하는 거죠. 문자를 보낼 수도 있지만 직접 전화를 한다고 해요. 고객 입장에서는 어느 편이 더 마음에 와닿을까요? (박태규 지점장과 홍승복 부장, 황종성 부장)

나를 알아보고, 내 가족의 안부를 묻고, 세심하게 복약 지도를 해주고, 약국을 나서는 내게 유의 사항이 적힌 종이를 건네주고, 약이 떨어질 때쯤 전화해 주는 약국이라면 굳이 다른 약국을 가고 싶지 않을 것이다.

소프트웨어 측면에서 단골손님 많은 약국의 두 번째 성공 요인은 '직원관리'에 관한 것이다(이는 주로 직원과 근무약사들이 있는 대형 약국에 해당되는 내용이다). 인터뷰 참가자들이 이야기해 준 바에 의하면 직원관리 측면에서도 '약국장, 즉 문전 약국 최고경영자의 약국 상주'가 가장 중요했다.

"약국장이 자주 자리를 비우는 약국과 상주하는 약국은 확실히 차이가 나요. 단골손님이 많은 약국을 보면 약국장님이 항상 자리를 지키며 손님도 따뜻하게 대하고 직원들에게도 잘하시죠. 까다로운 손님을 응대하거나 건강기능식품 등을 권유하는 건 아무래도 근무약사님은 한계가 있거든요." (장정훈 지점장과 황종원 팀장)

그다음은 '근무약사에게 노하우 전수하기'라고 할 수 있었다.

"잘 나가는 약국을 보면 약국장님이 근무약사들을 자기 가족처럼 여기더라고요. 근무약사에게 약국을 차려 독립할 때 알아두면 좋을 이런저런 노하우를 전수하면서요. 고객의 호칭처럼 아주 사소한 것부터 사후 관리 요령, 일반약과 건강기능식품을 권유할 때 유의할 사항 등 전수 범위는 약국 운영에 관한 거의 전부라고 보면 돼요. 그중 한 근무약사님은 약국장님보다도 더 잘하시는 거예요. 청출어람이라고 배운 것보다 더 잘하니 약국이 잘 될 수밖에요. 게다가 그 약사님은 후배 약사에게 자신이 배운 것을 다시 알려주었어요. 이 약국은 잘 될 수밖에 없다는 생각을 많이 했어요."(김기우 지점장과 강영배 팀장)

성공 요인별 상세 내용을 정리하기 전에 독자 여러분에게 꼭 전하고 싶은 이야기가 있다. 먼저 티제이팜의 영업관리부를 이끌고 있는 김봉진 이사가 해준 이야기다.

"교수님 플라시보*Placebo* 효과 아시죠? 제가 소위 약밥을 33년째 먹고 있잖아요. 그중 30년은 영업 현장에 있었거든요. 이번에 교수님과 인터뷰를 한다고 해서 저의 경험을 쭉 정리했더니 그런 생각이 들더라고요. 어쩌면 지금까지 말한 이런저런 성공 요인이 각각 따로 노는 게 아니라 상호작용을 하는 것 같다고요. 중요한 것은 이 요인들이 합쳐지면 그 약국에서 구입해 먹는 약이 플라시보 효과를 낼 수도 있다는 거죠. '좋은 약사님이 조제한 약이니 내 몸에 좋겠지'라는 생각이 들지 않겠어요?"

앞에서 설명한 8가지 성공 요인이 약국의 단골손님 증가에 영향을 미치리라는 것이 인터뷰 참가자들의 경험이었다. 그런데 인터뷰에서 심심치 않게 나온 단어가 '신뢰'였다. 그리고 방금 설명한 김봉진 이사의 플라시보 효과에도 '신뢰'가 숨겨져 있었다. '약사님이 이렇게 따뜻하고 탁월한 전문성을 갖춘 분이잖아. 그러면 믿고 먹을 수 있는 것 아니겠어?' 그래서 나는 조심스럽게 이런 그림을 그려봤다.

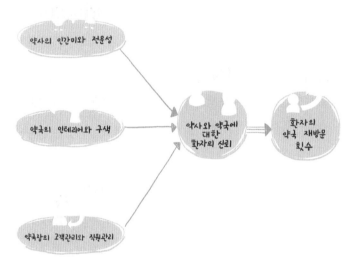

| 성공 요인과 단골손님 증가 간의 인과관계 (추정) |

성공 요인 활용 방법: 스코어링 메소드

약사에게 실질적인 도움이 되어보자는 취지에 맞는 한 가지 도구를 더 소개한다. '스코어링 메소드*Scoring Method*'라는 아주 간단한 방법인데 독일 유학 시절에 배워 여러모로 유용하게 쓰고 있는 도구이다. 스코어링 메소드는 약국의 현 상태를 진단해 보고 경쟁 약국과 비교할 때, 또는 자신이 원하는 이상적인 약국을 이루려면 어떤 과제를 추진해야 하는지를 정리할 때 사용할 수 있다.

| 스코어링 메소드 |

구분		가중치 (A)	우리 약국의 현재 상태 (B)		경쟁 약국 평가 결과* (C)		우리 약국과 경쟁 약국의 가중점수 차이 (D =C-B)	추진 과제	
			점수	가중 점수	점수	가중 점수		단기	중장기
휴먼 웨어	인간미	환자 공감							
		말투							
	전문성	복약 지도							
		지속적 학습							
하드 웨어	인테리어								
	구색								
소프트 웨어	고객관리								
	직원관리								
계		100		/500		/500	/500		

* 경쟁 약국 대신 '우리 약국의 이상적 모습'을 상정할 수 있음

위 표를 간단히 설명하자면, 먼저 A열 항목인 가중치를 정하는 것이 매

우 중요하다. 예를 들어 근무약사와 직원 수가 많은 약국은 직원관리 항목의 가중치가 높을 수 있고, 약국이 크지 않을 경우 그 가중치를 0으로 둘 수도 있다. 또는 근무약사와 직원의 항목을 나눠 생각할 수도 있을 것이다. 그리고 가중치의 합은 100이어야 한다.

B와 C열의 점수를 매길 때는 '매우 높음(5점)~매우 낮음(1점)'의 5점 척도로 매기되 성공 요인별로 횡축을 비교해 가면서 평가한 결과를 쓰면 된다. 일례로 환자공감 점수가 '나는 (또는 우리 약국 약사 전체 평균은) 높은 편(4점)인데 경쟁 약국은 3점(보통)' 이런 식으로 하는 것이다. 주변에 경쟁 약국이 없거나 내 약국이 근처에서 제일 잘하는 약국이라면 경쟁 약국 대신 내가 (또는 우리 약국 구성원이) 만들고 싶은 '우리 약국의 이상적 모습'을 상정해서 경쟁 약국으로 삼을 수 있다.

가중점수는 '가중치×점수'이다. 우리 약국의 환자공감 가중치가 30이라면 가중점수는 120점(30×4)이 되는 것이다. 이런 식으로 횡축을 따라 모든 요인의 점수를 계산한 다음, 평가 기준별로 B와 C열의 합산 점수를 각 열의 마지막 칸에 적는다. 그리고 D열의 점수가 가장 높은 항목을 몇 개 선정해서 단기와 중장기 과제를 결정하면 된다.

주지하는 바와 같이 스코어링 메소드는 그냥 도구일 뿐이다. 못 박을 때 쓰는 망치와 같다. 각 항목의 가중치를 배정하면서, 성공 요인의 항목을 바꿔보면서, 우리 약국과 경쟁 약국의 현상 점수를 부여하면서, 우리 약국의 목표 점수를 결정하면서, 그리고 각 항목별 추진 과제를 선정하는 이 전체의 과정에서 본인 스스로, 또는 약국의 다른 구성원과 함께 생각과 아이디어를 나누고, 그 과정에서 몰랐던 생각을 발견하는 시간이 되길 진심으로 바란다.

참고: 스코어링 메소드 연습 문제

앞서 소개한 B약국의 약국장님이 느낀 바가 있어 A약국을 벤치마킹하고 스코어링 메소드를 활용하기로 마음먹었다고 가정해 보자. 약국장님은 근무약사 2명, 직원 2명과 이야기를 나눈 후 다음의 표에 나타난 것과 같은 점수를 주었다.

| 스코어링 메소드 활용 사례: B약국이 A약국과 비교한 결과 |

구분			가중치	우리 약국 (B약국) 현재 상태		경쟁 약국 (A약국) 평가 결과		우리 약국과 경쟁 약국의 가중점수 간 차이	추진과제	
				점수	가중점수	점수	가중점수		단기	중장기
휴먼웨어	인간미	환자공감	10	4	40	4	40	0		
		말투	20	3	60	4	80	20		
	전문성	복약지도	20	2	40	5	100	60		
		지속적 학습	10	3	30	4	40	10		
하드웨어	인테리어		5	5	25	4	20	-5		
	구색		15	4	60	5	75	15		
소프트웨어	고객관리		10	2	20	5	50	30		
	직원관리		10	3	30	4	40	10		
계			100		305 /500		445 /500	140 /500		

다음으로 B약국과 A약국 간에 가중점수의 차이가 큰 항목, 즉 B약국에서 이른 시일 내에 개선할 항목을 3개(말투, 복약지도, 고객 관리) 선정하고 항목별 추진 과제를 다음의 표와 같이 도출했다.

| F약국이 선정한 개선 항목별 추진과제 |

개선 항목	단기 추진과제 (다음 달 말일까지)	중장기 추진과제 (금년 말까지)
말투	- 환자특성별 첫인사 멘트 작성(10건, 근무약사 인당 5건) 및 역할연기(연습) 인당 3회	- 전문용어별 쉬운 단어 리스트 작성 50건(약국장 20건, 근무약사 인당 15건)
복약지도	- 복약관련 질의응답 역할연기(연습) 근무약사 인당 15회	- 일반약/건기식 시너지 리스트 작성 60건(약국장 30건, 근무약사 인당 15건)
고객관리	- 고객관리카드 양식 개발(직원 A)	- 단골손님 데이터 모으기 300건(약사 인당 100건) - ○○만 원 이상 구입손님 매월 100명에게 사후관리 전화하기(인당 25명)

만약 A약국이 스코어링 메소드를 활용한다면 경쟁 약국을 이 지역이 아닌, 해외의 유명 약국으로 선정할 수도 있을 것이다. 그런 사례를 찾을 수 없다면 경쟁 약국 대신 약국 구성원들이 꿈꾸는 이상적 모습에 대해 대화를 나눈 다음, 그 모습을 토대로 경쟁 약국 칸을 메울 수 있을 것이다. 그 다음 단계는 여러분의 상상에 맡긴다.

3부

태전인의 업무 처리

제3부는 태전 직원들이 일하는 방식에 관한 것이다. 리더가 구성원들과 일하는 방식, 부서 간에 협업하는 방식, 전산팀이 다른 부서를 위해 일하는 방식, 물류센터 직원들이 그들 간에 또는 지입 기사들과 소통하고 협력하는 방식을 상세하게 이해할 수 있다. 그 과정에서 태전의 핵심 가치인 자리이타가 구체적으로 어떻게 작용하고 있는지도 알 수 있다.

리더의 자리이라는
권한 위임에서 온다

혼자서는 작은 한 방울이지만 함께 모이면 바다를 이룬다.
- 류노스케 차이 토로

변동룡 상무는 2022년 12월 독립 법인이 된 광주태전을 총괄 운영하는 임원이다. 2009년 태전약품에 입사해 지난 15년 동안 광주·전남지역에서 혁혁한 영업 성과를 이루어낸 변 상무를 만나 수많은 어려움을 극복하고 자리 잡은 광주태전에 대한 이야기와 그의 속내를 들어보는 시간을 가졌다.

"쉽지 않은 싸움이었어요. 다른 지역도 마찬가지이긴 하지만 광주 사람들의 애향 정신은 좀 특별하거든요. 광주전남에 본거지를 둔 도매업체들에 우호적이죠. 우리 태전은 후발주자인 데다 타지에서 왔다는 이유로 심한 텃세를 겪었어요. 또한 광주는 지역 경제의 규모에 비해 도매업체가 많아 유달리 경쟁이 치열했죠. 말로 다 하기 어려운 불리한 여건이었는데 그야말로 똘똘 뭉쳐서 오늘의 성과를 만들어낸 겁니다."

그가 걸어온 험난한 여정에 대한 이야기를 들으며 뛰어난 리더십에 찬사를 하자 그는 한사코 그 공을 직원들에게 돌렸다. 그리고 묻지도 않았는데 직원들을 하나하나 호명하며 그들이 얼마나 고맙고 대단한가를 설명하기에 바빴다.

설명을 듣다 보니 궁금증이 일었다. '그와 함께한 직원들은 대체 무엇 때문에 열심히 했을까? 리더로서 변 상무는 그가 주장하는 것처럼 격려하고 감사하고 칭찬만 해준 걸까?' 나는 그의 구체적 행동에 대해 좀 더 깊이 파고 들어보기로 했다.

"물류센터를 오픈하려면 직원들을 더 뽑았을 텐데 직원 채용 과정에서 상무님은 어떤 역할을 했나요? 경험이 제일 많으니 사람 보는 눈도 정확할 테고 가장 많은 결정권을 행사하셨겠죠?"

나의 질문에 변 상무는 기다렸다는 듯이 답했다.

"저는 물류 직원 채용하는 데는 거의 개입하지 않아요. 물류 부서를 책임진 창고장님께 전적으로 맡기죠. 창고장님이 결정하면 저는 최종 합격한 직원과 인사만 나눕니다. 물론 예전에는 1차 면접은 창고장님이 보시고 제가 최종 결정을 했어요. 그런데 결정권이 없다 보니 창고장님이 채용 과정에 자기 뜻을 정확하게 반영하지 못하더라고요. 물류부 내에서 보직 순환을 시킬 때도 결과만 들어요. 어떤 자리에 몇 명이 필요하고 어떤 유형의 사람이 일하면 좋은지를 가장 정확하게 아는 사람은 물류 부서장이지 제가 아니니까요. 부서장이 전적으로 끌고 갈 수 있도록 권한을 주고 있죠."

"물류 부서는 그렇다 하더라도 영업부서는요? 회사 매출을 좌우하는 부서인데 영업부도 직원 채용과 보직 순환을 부서장에게 전적으로 위임하나요?"

"영업부는 영업본부장과 제가 같이 의사결정을 합니다. 본부장의 의견을 존중하지만 말씀하셨듯 영업사원들은 회사를 대표하는 사람들이고 거래처를 상대로 매출을 좌우하는 업무를 하니 심사숙고할 수밖에 없어요. 하지만 회의는 제가 매번 주관하지는 않습니다. 매월 셋째 주 회의에만 참가해 주요사항이나 핵심 내용을 전달하고 나머지는 본부장이 진행하도록 하고 있어요. 영업본부장이 모든 걸 책임지고 소신껏 할 수 있도록 힘을 실어주는 거죠."

변 상무는 자신을 대신해 영업본부장이 대외 활동을 하도록 기회를 주기도 했다. 얼마 전 광주시 약사회에서 주최하는 큰 행사에도 영업본부장이 참석했다고. 대외 활동을 하면서 다른 회사 리더들과 이야기를 나누다 보면 우리 회사가 어느 위치에 있는지, 어떤 방향으로 나아가야 하는지 업계 동향을 체감할 수 있기 때문이다. 그는 이를 리더로서 안목을 갖출 수 있게 하려는 거라 했다. 그렇다면 권한 위임의 원칙이 영업관리부에는 정확히 어떻게 적용되는 걸까?"

"일반인들은 잘 모르겠지만 약품 중에는 가끔 품절이 되어 구하기 어려운, 소위 거래처에서 절실히 필요한 약들이 자주 있어요. 그런 약들을 적절하게 분배하고 재고를 어느 수준으로 유지해야 하는지 결정하는 일은 영업적으로 매우 중요하죠. 그런데 그 판단을 광주태전에서는 저나 영업본부장이 하지 않습니다. CS 담당 직원이 해요. 영업 현장을 제일 잘 아는 직원이니까요. 업무 자체가 거래처를 응대하고 영업을 지원하는 일이다 보니 수시로 영업사원, 거래처와 소통을 하잖아요. 그래서 어떤 약이 어느 거래처에 시급한지, 어느 정도 분배해야 하는지, 어느 시점까지 보유해야 하는지 등 상황에 맞는 판단을 가장 정확하게 할 수 있죠."

이 말을 듣고 나니 내 머릿속에 '권한 위임이 직원들의 동기부여에 미치는 영향'에 관한 논문 몇 편이 스쳐 지나갔다. 그 논문들에서 주장한 권한 위임의 효과가 광주태전에도 실제로 나타났는지 확인하고 싶어 권한 위임이 어떤 효과를 일으켰는지 되도록 구체적으로 말해달라고 했다. 잠시 생각을 하던 변 상무는 '존재감', '소신', '추진력' 이렇게 세 가지를 꼽았다.

"CS 직원에게 회사의 중요한 의사결정을 맡겼더니 자신이 회사에서 중요한 사람이라는 존재감을 느끼는 것 같더라고요. 저는 그 직원에게 다른 것도 많이 물어봐요. '요즘 어려움을 겪는 영업사원은 누구인 것 같냐? 그의 문제를 해결해 주려면 내가 어떻게 해주면 좋을 것 같냐?'와 같은 질문을 하고 의견을 경청하죠. 그리고 몇몇 아이디어는 즉시 실행에 옮겨 영업사원들이 겪는 이런저런 애로사항을 해결하기도 했어요. 직원 모두를 제가 만나려면 물리적으로 쉽지 않거니와 저에게 허심탄회하게 털어놓겠어요?

소신도 마찬가지예요. 물류 부서장에게 직원 채용과 부서 배치를 일임하니 그야말로 소신껏 일하더라고요. 직원 채용만 봐도 1차 면접은 부서장이 보고 제가 최종 결정을 했던 시절과 비교해 보면 그 차이가 하늘과 땅이에요. 소신껏 조직을 이끄는 모습은 영업본부장에게서도 여러 번 봤어요. 예전에는 제가 매번 영업 회의에 들어갔거든요. 저도 영업 현황과 애로사항을 알고 있어야 하니까요. 그런데 회의 시간에 가만 보니 영업본부장이 저를 의식하더라고요. 제가 아무리 참관만 하는 거라고, 허심탄회하게 진행하라고 해도 잘 안됐어요. 그래서 아예 안 들어갔죠. 매달 셋째 주에 들어가긴 하지만 그때도 회의장에 머무는 시간을 최소화하고 있어요. 그랬더니 확실히 본부장 소신대로 영업부를 이끌고 결정도 신속해지더라고요.

추진력은 어찌 보면 당연한 결과죠. 자기가 결정한 거니 그 과정과 맥락을 잘 알 테니까요. 어떤 사안을 결정했을 때 여건은 계속해서 변하지 않습니까? 그런데 우리 부서장들은 결정했을 당시의 맥락과 의도를 잘 알고 있으니 변화한 상황에서도 그 결정의 궁극적

의도와 목적을 달성하려면 어떻게 행동을 바꿔야 하는지 스스로 판단하고 끝까지 책임지고 추진해 나갔어요.

예를 들어 직원들의 담당 업무를 바꿔주었을 때 그 전환 배치의 효과가 부서장이 생각했던 것처럼 나오지 않을 수도 있지 않습니까? 그런데 제가 그 결정에 개입했더라면 부서장은 그 결정을 번복하기가 어려운 거죠. 저에게 이유를 설명하고 결정을 철회시켜야 하는 부담이 생기니까요. 하지만 본인이 전적으로 결정하게 되면 예기치 않은 상황이 생겼을 때 대안을 찾는 것이 훨씬 쉬워지죠. 이런 게 모여서 추진력이 되더라고요.”

변 상무의 설명이 그동안 읽었던 수십 편의 논문보다 훨씬 이해가 쉬웠다. 권한 위임으로부터 생기는 효과 세 가지를 그는 직원의 존재감 향상, 소신 있는 의사결정의 촉진, 그리고 의사결정 내용의 추진력 증가로 정리해 냈다. 그렇다면 변 상무는 이 권한 위임을 어떤 이유로 ‘리더의 자리이타’라고 하는 걸까?

“직원들이 소신껏 일하니 저는 회사가 나아갈 방향이나 비전, 매출 전략 등을 꼼꼼하게 점검할 수 있지 않겠어요? 또 각 부서현안이나 방문업체들과의 미팅, 대외적 활동 등 제가 해야 할 일들에 더 집중할 수 있고요.”

1시간 30분이 넘는 시간 동안 변 상무는 많은 이야기를 했다. 광주태전이 있기까지 고생이 많았다고 한다. 2015년 4월 물류센터가 있기 전에는 재택근무부터 했다고. 전에 임대해서 쓰던 물류센터에는 당시 지점장이었던 변 상무가 쓸 수 있는 지점장실도 없었다. 물류센터 바로 옆에 타 회사의 물류창고가 있었는데 주차장이 좁아 배송 기사들끼리 멱살 잡고 싸우는 것을 말리느라 진땀을 흘리기도 했다. 직원 중 하나는 일이 너무 힘들어 변 상무와 면담하다가 펑펑 울기도 많이 했다고 한다. 물류창고에서 몸을 아끼지 않고 일하던 남직원은 두 번이나 쇼크로 쓰러졌다. 두 번째 쓰러졌을 때는 마침 변 상무가 회사에 있어서 구급차를 타고 같이 응급실에 갔는데, 침대 위에 누워 있는 그의 얼굴을 보며 이러다가 세상을 떠나면

어떻게 하나 하는 공포감까지 느꼈다고 한다. 연락받고 달려온 그의 부인과 함께 간절한 마음으로 기도했다는 이야기를 할 때는 벌써 10년이 다 되어가는 오래전 일인데도 50대 후반의 중년 신사가 눈시울을 붉혔다.

직원과 생사고락을 같이 한 험난한 여정을 잘 마치고 물류센터 신축과 이전, '광주태전'이라는 독립법인이 출범한 지 1년 반, 이제는 시스템뿐만 아니라 모든 부분에서 기틀이 잡혔다는 생각이 든다는 변 상무는 "이제부터 광주태전은 고객만족과 직원행복을 함께 추구하며 큰 비전을 품고 성장과 발전을 위해 한 걸음 한 걸음 힘차게 나아갈 것"이라고 힘주어 말하며 인터뷰를 마쳤다.

이사님 덕분에
우울증이 나았어요

남들이 당신을 어떻게 생각할까 걱정하지 말라.
그들은 당신에 대해 그렇게 많이 생각하지 않는다.

- 엘레노어 루즈벨트

━━━━

　박수경 차장은 '당신 없이도 회사는 잘 돌아가'라는 식으로 말하는 상사가 태전에는 단 한 명도 없다고 장담했다. 그러고 보니 박현숙 대리도 비슷한 맥락의 이야기를 했다. 티제이팜의 상사들은 '아프면 그냥 집에서 푹 쉬지'라는 식으로는 절대 말하지 않는다고 했다. 소위 태전의 상사들은 염장 지르는 이야기, 상처를 주는 말을 하지 않는다는 게 두 사람의 주장이다.

　어떻게 이런 문화가 형성된 것일까? 오수웅 명예 회장님이 만든 걸까? 전주에 있는 태전의 조직문화가 꽤 떨어진 지역에도 전해지는 걸까? 인사총무 업무를 맡고 있는 티제이팜 입사 13년 차의 윤형준 과장(이 책의 공저자인 윤형준 교수와 동명이인)과 대화를 나누던 중 그 의문에 대한 실마리를 찾을 수 있었다.

"제가 인사 총무 일을 한 지 4년이에요. 짧은 기간은 아니지만 아직 전문성을 가질 만큼의 경력은 아니지요. 처음 이 일을 맡았을 때는 자잘한 업무 실수 때문에 지적을 많이 받았어요. 그러다 보니 보고할 때마다 불안해지더라고요. 어떤 일이 주어지면 실수를 할까 봐 겁나고 누군가가 저를 찾으면 잘못을 지적받는 건 아닌가 싶어 조마조마하고요. 그런 불안이 점점 심해져 불안 증세와 우울증까지 겪었어요. 병원에 다니며 치료를 받을 정도로요. 그래서 이사님께 찾아가 업무가 제 적성에 안 맞는 것 같다고 하소연했지요. 물론 이사님이 저의 실수를 지적하려던 게 아니라는 건 잘 알고 있습니다. 제가 업무에 대해 잘 모르는 상황에서 보고를 드리다 보니 이사님도 계속 질문을 할 수밖에 없었던 거죠. 그런데 그 질문을 통해 자꾸 제 실수가 드러나니까 긴장도가 높아졌던 거고요. 이사님은 제 이야기를 찬찬히 들으시고는 '알겠다. 생각해 보겠다'고 하셨어요.

그다음부터는 제가 무슨 보고를 하든 다 수용해 주셨어요. 그냥 무조건 믿고 맡겨주셨죠. 그러다 보니 저도 모르게 불안감이 해소되고 일에 대한 자신감이 생기면서 실수도 사라졌어요. 우울증이 없어진 건 물론이고요! 그리고 나를 믿어준다는 걸 제대로 느끼고 나니 일을 더 열심히 하게 되더라고요. 지금은 제가 회사에 기여하는 것 같아 행복합니다. 이것도 자리이타라고 할 수 있겠죠? 지금도 저는 이사님께 허심탄회하게 이야기하고 이사님도 저를 많이 응원해 주십니다."

윤 과장을 전적으로 이해하고 신뢰한 이사는 태전에서 16년 근무하다 2008년에 티제이팜으로 온 분이라고 했다. 태전에서 온 사람이라는 말에 전주태전에서 만들어진 조직문화가 지리적으로 먼 평택까지 전해질 수 있는 건지 궁금해져 물었다.

"지금 여기 계신 임원들이 모두 태전에서 온 분들인가요? 그분들의 공통적인 특징이 뭔가요? 업무 스타일 말고 직원들을 대하는 측면에서요." 한참을 생각하던 윤 과장이 입을 열었다.

"네, 지금 여기 임원들 모두가 태전에서 오신 분들이에요. 제가 볼 때 저희 임원의 특징은 인격적으로 상처 주는 말을 일절 안 한다는 거예요. 제가 전에 근무했던 회사에서는 실수를 하면 '너 대학 어디 나왔어? 네가 그래서 일을 이따위로 하는구나? 그 학교에서 이렇게 하라고 가르쳤냐?' 하며 수치심 주는 말을 했거든요. 월급도 많이 주고 인지도도 높은 회사였지만 오래 다닐 회사는 아니라는 생각이 들었죠. 그런데 여기서는 그런 게 일절 없어 좋아요.

업무에서도 임원들이 직원들을 신뢰하는 게 느껴져요. 업무에 관해 이야기를 하면 '좋은 의견이니 참고해서 결정합시다'라고 하지, 하지 말라는 얘길 들어본 적이 없어요. 불만을 말해도 귀 기울여 들어주고 힘든 점을 해소해 주려고 하십니다. 그런 마음을 아니까 직원들도 더 책임 있게 자기 일을 해내려고 해요.

임원들의 언행이 그러다 보니 직원들끼리도 서로를 배려하고 친절하게 대해요. 저는 이렇게 사람들이 좋은 회사는 처음 겪어봤어요. 회사 분위기가 좋다 보니 일이 힘들어도 재미있어지더라고요. 저희 모두 비슷한 말을 합니다. 사람 때문에 오래 다닌다고요. 업무 요청을 했을 때 상사나 동료 할 것 없이 '내가 도와줄게'라고 말하니 저도 누군가에게 업무 요청을 받으면 이렇게 답하게 됩니다. '오케이! 내가 바로 해줄게.'"

이야기를 듣다 보니 궁금증이 해소되기는커녕 또 다른 의문이 생겼다. 임원들이 친절하게 말한다고 이런 조직 분위기가 만들어진다는 게 가능한가? 과연 그게 전부일까? 뭔가 또 다른 요인이 있는 건 아닐까?

"글쎄요. 지금 제 머릿속에 집히는 건 두 가지 정도네요. 하나는 우리 대표님에 관한 일이고 다른 하나는 제가 입사해서 얼마 안 되었을 때 대리님에 관한 일이에요.

보통 회사 대표님을 떠올리면 거리감이 느껴지고 말하기 어려워서 피하게 되잖아요. 그런데 저희 대표님은 같이 대화하고 싶고 안 보면 보고 싶은 그런 사이에요. 어떤 계기가 있어서라기보다는 대표님과 함께 어울렸던 시간이 조금씩 쌓였기 때문인 것 같아요.

저희는 대표님과 술 한잔 같이하는 시간을 좋아해요. 회식 자리에서 만나는 대표님은 동네 선배 같거든요. 게임도 하고 당구나 볼

링 등을 하면서 진짜 친구처럼 놀아요. 그러다 보니 자연스럽게 편해진 것 같고요. 타 부서 사람들도 대표님과 함께 회식하고 온 날이면 재미있었다고 해요. 전에 다니던 회사와는 확실히 달라요. 그때는 억지로 참석해야 하고 강요받는 느낌이었는데 우리 회사는 그런 게 전혀 없어요.

대표님 말고 생각나는 분은 제가 회사에 들어온 지 얼마 안 되었을 때 항상 잘 챙겨주던 대리님이에요. 종종 저희에게 '우리 오늘 다 같이 모여 밥 먹는 거 어때?'라며 데리고 나가서 맛있는 것도 사주고 회사 일에 관해서도 편하게 이야기할 수 있게 해주셨어요

처음에는 상사에 대한 선입견이 있어 안 가고 싶기도 했는데요. 우리 회사는 누가 말하면 서로 응해주는 분위기가 있어 예의상 몇 번 따라갔더니 마음도 편하고 저희를 위하는 게 느껴지더라고요. 그래서 점점 대리님을 따르게 되었죠.

그렇게 몇 년이 지나 저도 이제 중간 관리자급이 되었는데요. 누가 시킨 것도 아닌데 후임들에게 밥을 사주게 되더라고요. 선배가 후배를 챙기고 새로운 사람이 오면 적응할 수 있게 도와주는 것들을 보고 배우다 보니 저도 똑같이 하는 거죠. 우리 회사에서는 '이렇게 해야 한다'라고 말하는 사람이 단 한 명도 없어요. 하지만 누군가의 시작으로 지금까지 계속 이어져 온 게 아닌가 싶습니다."

직장 상사가 부하직원의 우울증을 치료하는 데 결정적으로 기여하는 회사. 임원들이 부하직원을 인격적으로 대우하는 회사. 업무

협조 요청을 받으면 일단 해보자며 같이 해답을 찾기 위해 노력하는 회사. 대표이사가 (물론 그도 젊다) 20~30대 직원과 회식 자리에서 제대로 놀 줄 아는 회사. 경영학 교과서에 나오는 어느 글로벌 기업의 이야기가 아니라 바로 우리나라에서 90년간 장수하고 있는 태전의 이야기다.

양쪽 모두
저희 부서 고객입니다

만약 누군가를 당신의 편으로 만들고 싶다면,
먼저 당신이 그의 진정한 친구임을 확신시켜라.
- 에이브러햄 링컨

양쪽 모두 고객이라니 어디 어디를 말하는 걸까? 김 차장과 간단
한 인사를 마치고 나서 나는 바로 본론으로 들어갔다.

"우리 부서는 약국이나 병원 등이 필요로 하는 약을 제약사에 주
문하는 일과 우리 회사 영업사원을 지원하는 일을 주로 합니다. 그
러니까 우리 부서 고객은 외부 고객인 '제약사'와 내부 고객인 '우리
회사 영업사원들'이라 할 수 있어요."

제약사와 자사 영업사원. 얼핏 생각해 봐도 원하는 것이 서로 다
를 테니, 양쪽 고객 모두를 만족시키기란 쉽지 않을 듯했다. 하지

만 티제이팜의 영업관리부는 두 고객으로부터 고맙다는 말을 자주 듣는다고 한다. 그중 몇 가지만 들려 달라고 하니, 딱히 내세울 만하지는 않다며 한참을 뜸 들이다 나의 간곡한 요청에 이야기를 시작했다.

"얼마 전에 우리 영업사원 한 분이 저에게 그러는 거예요. 어떤 약사 한 분이 혹시 A라는 약의 제조에 문제가 있는 것 아니냐고 묻더래요. 그 약이 들어가는 처방전이 자주 나오는 편이어서 미리 확보해 두고 싶다는 거죠. 이런 이야기는 자주 있는 편이라 재고가 충분한 경우 흘려듣는데, 그날은 왠지 느낌이 좋지 않더라고요. 평소 그 영업사원은 나름 정보력이 강했고 그 약사님이 근무하는 약국은 종합병원 앞에 있는 문전 약국이었거든요. 제 경험으로 볼 때 그냥 지나치면 안 되겠다는 생각이 들었죠.

그래서 바로 제약사에 연락했더니 그 회사 도매 담당자가 어디서 소식을 들었냐며 확실하지는 않지만 재고를 확보해 놓는 게 좋겠다는 거예요. 약 업계가 소문이 빨라서 이런 경우 소문으로만 그치는 경우가 드물거든요. 그래서 바로 주문을 넣었고 상당히 많은 양이 었는데도 다행히 그 약을 확보할 수 있었죠. 그런데 정말 얼마 지나지 않아 그 약의 원료 확보에 문제가 생겨 제조를 한동안 중단하는 사태가 벌어졌어요. 천만다행으로 우리 회사는 품절되기 전에 충분한 재고를 확보한 거죠. 나중에 그 영업사원이 말하기를, 그 문전 약국 약사님이 발 빠르게 대응해 주어 정말 고맙다고 했대요. 본인이

정보를 제공한 건데도요. 영업사원도 저에게 고맙다고 하고, 제약
사 도매 담당자도 저에게 빠른 시장정보를 줘서 고맙다며 역시 태전
은 다르다고 했어요."

그야말로 일타쌍피였다. 하지만 똑같은 정보를 줘도 어떤 이들
은 같은 결과를 만들어내지 못했을 것이다. 그렇다면 이런 일이 가
능했던 이유는 무엇일까? 자연스레 질문이 이어졌다. 겸손한 김 차
장의 말을 정리해 보면 영업사원과의 정기적이고 긴밀한 소통, 제
약사와의 오래된 신뢰관계, 발주담당자(영업관리부 직원들)의 관록과
감각, 이렇게 세 가지로 압축할 수 있었다.

"영업사원과 영업관리부 직원 간의 소통에 어려움이 있었다면 현
장의 소리가 제대로 전달되진 못했을 겁니다. 영업관리부에서 저처
럼 제약사 발주를 담당하는 직원은 5명인데요. 저희가 업무 목표로
삼는 것 중 하나가 영업사원과의 원활한 소통이에요. 티제이팜은
이곳 평택 외에도 세 개의 물류센터가 있고, 총 6개의 지점이 수도
권과 충청권을 담당하고 있어요. 6개 지점이 지리적으로 분산되어
있다 보니 각 지점의 의견을 듣고 소통하는 일이 쉽지만은 않지요.
　　그래서 저희는 최소 두 달에 한 번 각 영업본부와 물류센터를 방
문해 간담회를 갖고 각 지점의 애로사항과 요청사항을 귀 기울여 듣
고 있어요. 영업사원이 어떤 제품에 대해 문의하면 저희는 최대한
많은 정보를 제공하려 노력하죠. 언젠가 한 영업사원이 '우리 영업

관리부는 응답이 빠르고 정확하고 친절해서 좋다고 하더라고요. 저희의 노력을 알아봐 주는 것 같아 흐뭇했죠. 매번 정답을 알려주진 못해도 친절하게 응대할 수는 있으니 그것만이라도 해야죠. 우리 영업관리부 또한 영업사원의 문의를 통해 현장 정보를 들을 수 있어 도움이 되고요. 이것도 자리이타라고 할 수 있겠네요. 영업사원과 긴밀하게 소통하려는 노력과 그들의 편의를 봐주려는 분위기 덕분에 아까 말씀드린 것처럼 문전 약국 약사님의 의견이 저희에게까지 들어올 수 있었던 게 아닐까 싶습니다.

두 번째는 제약사와의 신뢰 관계인데요. 영업관리부 6명 중 4명이 10여 년을 근무한 직원입니다. 그러다 보니 웬만한 제약사 담당자들과도 그만큼 오랜 관계를 이어오고 있어요. 무슨 이야기든 흉허물없이 터놓고 이야기할 수 있는 관계가 된 거죠."

장기근속자가 많은 태전. 사실 이 이야기는 여기서만 들은 게 아니었다. 티제이팜 물류센터 최용석 부장도 같은 이야기를 했다. 하지만 나는 물류센터와는 다른, 이유로 영업관리부에 장기근속자가 많은 그들만의 이유를 물었다.

"다른 이유도 많겠지만, 우선은 업무 전산화 수준이 높은 것을 들수 있겠고요. 사람들 간의 관계가 좋기도 하고요. 위계가 있는 조직 구조이지만 소통할 때는 모두가 동등한 수평적 소통 문화가 있어요. 그래서 이직률이 낮고 우리 회사로 이직해 온 분들도 오랫동안 근무하는 거고요."

장기근속자가 많으면 좋은 일이 많이 생긴다는 최용석 부장의 이
야기가 떠올랐다. 여기서도 그럴까?

"그럼요. 아까 말한 문전 약국 약사님의 이야기는 빙산의 일각에
불과해요. 자주 발생하는 일은 아니지만 부작용이 생기는 등의 문제
가 발생하면 식품의약품안전처(이하 식약처) 또는 관할 보건소에 클레
임을 접수하게 되어 있어요. 식약처가 문제를 분석해 심각하다고 판
단하면 해당 약품을 '위해 의약품'으로 지정하고 전량 수거하도록 하
고 있습니다. 이때 실무적으로 매우 중요한 사항이 '위해 의약품'을
회수할 때는 반드시 '회수 확인서'라는 서류를 작성해 첨부하는 거예
요. 그런데 이런 절차와 필요 서류는 자주 발생하는 게 아니다 보니
같은 일을 반복하기도 하고 관할 관청으로부터 경고를 받기도 하죠.
  몇 해 전에도 B약품이 문제가 되어 사태가 급격히 악화된 적이 있
어요. 당시 제조사가 여러 신문에 사과문을 게재하고 전량 자진 회
수하겠다는 약속을 할 만큼 심각했죠. 자진 회수이더라도 제조사
는 식약처나 관할 보건소에 신고해야 하고 관할 보건소는 회수 절
차를 정식으로 접수해야 한다는 걸 저희는 경험적으로 알고 있었어
요. 그런데 일부 도매업체는 자진 회수라고 하니 의약품에 관한 처
리 절차를 거치지 않아도 되는 것으로 판단해 그냥 약국에서 물건
만 회수했죠.

저희는 오랜 경험을 통해 이 건은 식약처에서 정식 회수 절차를 진행할 것이므로 필요한 서류와 절차에 의해서 수거해야 한다고 영업부에 고지했어요. 당시 영업부는 크게 반발했죠. 불필요한 일 처리를 하게 해서 약사님들이 귀찮아한다고요. 그런데 정확히 3일 뒤 다른 업체들은 그 제품을 수거한 약국에 재방문해 서류를 다시 받고 약품의 제조번호를 적어 제출해야 했습니다. 설상가상으로 B약품이 굉장히 대중적으로 팔린 약이라 제조번호를 파악하기가 쉽지 않았죠. 하지만 저희는 사전에 서류를 정식으로 접수했기 때문에 일을 두 번 반복하지 않아도 되었답니다. 당시 몇몇 업체는 이 일로 행정처분을 받기도 했어요."

업무를 너무 보수적으로 접근하는 게 아니냐는 의견도 있었지만, 결과적으로 보면 선제적으로 대응했기에 업무에 도움이 되었던 사례다. 다른 도매업체들은 그 심각성을 제대로 인지하지 못해 약사에게 두 번 세 번 수고롭게 했다. 제출 서류에 약국 상호와 약사의 친필 서명이 있어야 해서 업체마다 '그때 주셨던 약들의 제조번호가 뭐였죠?' 하고 귀찮게 물어봤을 테니 말이다. 그런 측면에서 일을 한 방에 끝낸 티제이팜의 일 처리는 약국에도 도움이 되었던 셈이다. 이 또한 다시 한번 자리이타를 떠올리게 했다. 김 차장에게 다른 사례도 있으면 들려달라고 했다.

"이건 장기근속자가 많아서 그런 건 아니지만 분명 관련은 있을 거예요. 의약품 유통업체와 제조사 간 거래 약정을 체결할 때 통상적으로 들어가는 내용이 있어요. 유통업체는 의약품 유통 과정에서 불량이나 클레임이 발생했을 때 적극적으로 대응한다는 내용이에요. 예를 들어 액상 제제의 약이 분무가 잘 안된다거나 캡슐 포장인데 캡슐 숫자가 부족하다거나 하는 불량이 발생했다고 해보죠. 이런 경우 도매상이 수거해서 1차 분석을 해요. 제품에 어떤 불량이 있고, 어떤 과정에서 발견했으며, 그 클레임을 어떻게 접수했고, 우리(유통업체)가 약을 내보낼 때는 문제가 없었는지 등등의 세부적인 정보를 제약사에게 제공해요.

불량이 있으면 당연히 제약사가 물건을 수거해 품질관리팀이나 연구소에서 분석을 해야 하지만 최초 신고자인 도매상이 기초 자료를 줌으로써 상황을 파악하는 데 도움을 주는 거죠. 인쇄나 바코드 불량 등을 신고하는 건 유통업체로서는 중요한 역할 중 하나이기도 하고요. 다른 도매업체도 그렇게 하고는 있겠지만 저희는 회사 업무 매뉴얼에 영업사원이 약사로부터 취합한 클레임을 적극적으로 제조사에 접수하도록 명시하고 있어요.

물론 약국에서 '이 약 불량이니까 반품해 주세요.' 하면 그냥 반품해 드리는 경우도 있어요. 하지만 '저희가 제약사에 클레임 신청해 드리고 절차에 따라 처리해 드리겠습니다.' 하면서 정식으로 처리한다는 뜻을 전달합니다. 그냥 반품해 주면 절차상으로는 간편하겠지만 정식으로 접수해서 불량품 발생이 낮아지면 장기적으로는 약사님에게도 좋은 거니까요. 제약사 입장에서도 어떤 정황에서 발생한 불량인지를 알 수 있으니 중요한 일이기도 하고요. 약품은 모두 제조번호가 있어서 그러한 정보들을 신속하게 알려 줄수록 대처를 빠르게 할 수 있어요. 모두에게 좋은 일이라서 저희는 적극적으로 하고 있어요."

영업사원 입장에서 보면 규정대로 다 하기가 귀찮을 수도 있는 일이었다. 지금 사례만 봐도 반품 처리해버리면 쉬울 텐데 정식 클레임 신청을 하고 정보를 제공해야 하니 말이다. 그걸 적극적으로 하게 만드는 동기 부여 방법은 무엇일까?

"예전에는 저희도 그냥 반품 처리했어요. 그러다 보니 경우에 따라서는 뚜껑이 개봉된 제품일 수도 있고 사용감이 있는 제품인 경우도 있었어요. 제약사 입장에서는 '이거 정상 제품이 아닌데 왜 반품하는 건가요?'라고 반응하게 되고 그걸 설명하는 과정에서 오해도 생기고 그걸 설명해야 하는 프로세스가 더 오래 걸리더라고요. 이런 일을 막기 위해 우리가 클레임을 신청해서 그 사안에 대해 정당성을 부여했으면 좋겠다는 게 부회장님의 생각이었죠. 불량 의약품들에 대한 보유도 줄여보자는 취지도 있었고요."

이 또한 자리이타였다. 장기근속자가 많아서 생기는 장점은 대외적인 것뿐만 아니라 회사 내부 측면에서도 많았다. 그중 하나는 영업관리부 직원 간의 소통이 좋아진다는 점이었다. 약업 특성상 전문 용어가 많고 자체 ERP 시스템을 사용하기 때문에 업무를 숙지하기까지 꽤 시간이 필요한데, 경력자들은 실무 용어를 자유롭게 구사할 수 있으니 소통이 효율적이다. 과거 데이터 또한 공유하는 게 많아 의사결정할 때도 빠르게 할 수 있었다.

또한 장기근속자가 많으니 업무와 관련한 노하우가 축적되었다. 어떤 약이 갑작스레 수요가 늘었을 때 그 이유가 다른 약이 단종되었음을 알아차리는 것, 어떤 제품이 문제가 생기면 다른 제품으로 전환될 것인지 예측하는 것, 제품이 단종되었을 때 약사들이 어떤 제품을 선택할지를 추정하는 것. 이 밖에도 담당자들의 오랜 경험을 통해 축적된 노하우는 위기 때마다 빛을 발했다.

개인이 축적한 노하우를 영업관리부 전원이 공유하기 쉽고, 그랬을 때 나타나는 시너지 효과도 장점에 속했다. 지금의 노하우는 어느 한 사람의 것이 아니라 각자의 데이터를 공유하는 가운데 생성된 것임을 이쪽 업계의 비전문가인 나도 알 수 있었다.

다만 여기서 짚고 넘어가야 할 것이 있다. 주의 깊은 독자들은 장기근속자가 많은 두 번째 이유가 직원 간의 좋은 인간관계였음을 기억할 것이다. 영업관리부 직원 간의 관계가 썩 좋지 않았는데도 이런 식의 노하우 공유가 가능할까? 답은 독자들이 더 잘 아시리라 믿는다.

여기까지 이야기를 나누고 나는 김 차장이 이야기한 내용을 그림으로 그려보았다. 그가 쏟아낸 이야기 속에서 상호 관련성이 있는 여러 요소를 여러 차례 스케치해 본 끝에 얻은 그림은 다음과 같다.

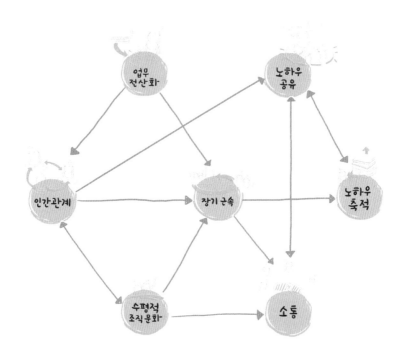

| 영업관리부 업무 효율 제고에 영향을 미치는 요인 간의 상관관계 |

　더 많은 화살표를 그리고 싶지만 참기로 한다. 예를 들어 노하우 축적과 노하우 공유는 업무 강도를 낮추는 데 상당히 기여했을 것이다. 일을 쉽게 할 수 있는 방법이 노하우가 아니겠는가? 김 차장이 느끼는 낮은 업무 강도에 영향을 미치는 요인은 노하우 축적과 노하우 공유 말고 또 있었을 것이다. 그리고 그것 중 하나는 내가 인터뷰했던 직원들이 이구동성으로 말하던 태전 전산의 힘이었을 것이다. 인터뷰가 막바지에 이르렀을 때 김 차장은 후배들을 위해

꼭 하고 싶은 이야기가 있다고 했다.

"알다시피 지금은 의약품의 구매 경로가 다양해졌어요. 약품 전문 인터넷 쇼핑몰이 십수 개나 되고, 젊은 약사들이 많아져 약국을 드나들며 주문을 받아오던 영업사원의 역할이 점점 줄어들고 있죠. 저희 부회장님도 영업회의 때마다 강조하시는데요. 과거에는 영업사원이 매출을 올리고 신규 거래처를 발굴하는 일이 중요했지만, 지금은 재고 관리와 반품 처리, 불용 재고, 대금 결제 등을 관리해 주는 약국의 지원 업무가 중요합니다. 그렇기 때문에 영업사원을 지원하는 우리 영업관리부의 역할도 영업사원들이 요청하는 약을 제약사에 주문하고 필요한 약을 제때 확보하는 것에 그쳐서는 안 됩니다. 변화한 시장이 영업사원에게 요구하는 역할, 즉 약국 지원 역할을 잘할 수 있도록 효과적으로 돕는 것이 매우 중요해졌어요. 인터넷 쇼핑몰은 할 수 없는 일을 우리가 하지 않으면 우리의 존재 이유는 사라지고 말아요."

지금도 충분히 잘하고 있는 것 같은데 더 잘해야 한다고 말하는 걸 보면 이들은 우등생의 DNA를 갖고 있는 게 틀림없다. 그런 직원들이 조직 곳곳에 포진해 있어 태전그룹의 미래는 앞으로도 밝아 보였다.

PB 제품 마케팅,
자리이타로 술술 풀려요

네가 바뀌지 않으면 아무것도 바뀌지 않는다.

- 드라마 〈낭만닥터 김사부〉 중

———

　정형철 이사는 티제이팜의 미래 비즈니스를 탐색하는 핵심 인물 중 한 사람이다. 대학원에서 마케팅 전공으로 석사학위를 받은 후 국내 TOP 5 제약회사에 입사해 33년을 근무하고 2019년 10월 티제이팜에 합류했다. 대표적인 PB*Private Brand* 제품에 관해 이야기해 달라는 나의 질문에 정 이사는 특유의 달변으로 설명을 시작했다.

　"혹시 '노량'이라는 멀미약 아시나요? 사실 저는 티제이팜 영업사원들은 PB 제품을 환영할 줄 알았어요. 다른 약보다 마진이 높으니까요. 그런데 우리 영업사원들이 바라는 약은 단순한 PB 제품이 아니었어요. 유명 브랜드를 원했죠. 유명 브랜드라야 약사님들이 고객에게 자신 있게 권할 수 있다고요. 사실은 단순한 논리인데 제가 처음에는 그걸 미처 깨닫지 못했죠."

그럼에도 그는 당시 브랜드 인지도가 약했던 '노량'에 올인했다고 한다. 하지만 불행히도 런칭하자마자 코로나가 터져버렸다. 당시 다들 그를 미쳤다고 했고, 심지어 후배들은 '저 선배가 드디어 감이 떨어지는구나'라고 했다. 멀미약 시장이 원래도 크지 않은데 코로나 탓에 모두가 '방콕'하고 있으니 이 시장에 뛰어드는 것은 정말로 무모한 일이었다. 그럼에도 인지도도 없는 '노량'에 열을 올리다니 그를 두고 그리 말하는 것은 이상한 일이 아니었다.

"그래도 저는 굴하지 않았어요. 자신 있었거든요. '지금은 위기라 생각할 수 있지만 잘 생각해 봐. 규모가 작든 크든 어느 카테고리에서 지위를 확보하면 엄청나게 큰 힘이 된다. 한번 팔아보자.'라며 설득했죠. 결론적으로 2024년 4월까지 10개월간 4억 원가량의 매출을 올렸어요. 제가 이 업계에서 33년인데 이런 급성장 브랜드는 보지 못했어요."

그런데 그는 노량이 그렇게 선전하게 된 데는 자리이타가 있었다고 했다. 자기 말을 들어보면 자리이타를 확실하게 이해하게 될 거라는 그의 말에는 자신감마저 보였다.

"PB 제품이 시장에 제대로 안착하려면 세 부류의 고객을 만족시켜야 해요. 최종 소비자인 환자 또는 약국의 손님, 약사, 그리고 우리 티제이팜 영업사원들이죠. 이를 먼저 인지하고 제 말을 들어보세요. 복잡한 PB 제품 개발과 마케팅의 의사결정 단계에서 자리이타의 원칙을 적용한 경험을 말씀드릴게요.

당연한 말이지만 가장 중요한 것은 이 상품의 최종 소비자인 환자의 건강과 안전입니다. 그래서 오메가3처럼 공기에 노출되었을 때 산패가 빨리 진행되는 제품은 낱알로 알루미늄 진공 포장을 하기로 결정하죠. 제작 원가는 높아지지만 소비자의 안전과 건강을 지키는 게 더 중요하다는 판단인 거죠. 또 원가가 비싸더라도 효능이 좋은 원재료를 최대한 많이 넣어 약의 품질을 높이려고 하고 있습니다. 물론 표준제조기준_SOP, Standard of Production_이 있어서 무조건 많이 넣을 수는 없지만 할 수 있는 범위 내에서 좋은 원재료를 쓰고 있어요.

약사님 입장에서는 우리가 판매하는 PB 제품을 손님에게 자신 있게 권할 수 있고 거기에 얼마라도 마진이 높으면 금상첨화일 거예요. 그래서 저희는 노량, 실비도, 벌나무 등의 PB 제품에 공을 들여 광고를 하고 인지도를 높이는 전략을 취합니다. 그럼에도 제약사가 도매업체에 지불하는 도매 마진이 붙지 않아서 약국에 싸게 공급할 수 있어요. 여기서도 자리이타가 생기죠. 자리이타는 장기적 관점에서 추구하는 가치니까요. 또 저희는 환자와 약사님들을 위해 단기적으로는 손해를 보거나 이익이 줄더라도 이타행을 행해요. 그러다 보니 상대가 저희를 믿고 PB 제품을 사용·판매해 주는 거고 그 결과 저희에게도 이익이 생기는 거죠. 사실 여기까지는 그리 어렵지 않았어요.

　제일 어려웠던 건 아이러니하게도 티제이팜 영업사원에게 PB 제품의 판매가 그들에게 이익이 되는 원리를 설명하는 일이었어요. 저는 PB 제품을 잘 파는 영업사원이 이 업계에서 오래 살아남을 것이라며 그들을 설득했어요. 왜냐하면 대대적인 광고를 통해 알려진 제품이나 글로벌 제약사의 강력한 브랜드 파워를 등에 업은 제품은 영업사원이 특별한 노력을 하지 않아도 팔 수 있으니까요. 그런데 시장에 잘 알려지지 않은 제품을 팔려면 상당한 노력이 필요합니다. 약사님을 설득해야 하니까요. 그걸 저희 업계에서는 셀링 메시지Selling Message라고 하는데요. 예를 들면 약의 성분과 효과, 안정성 테스트 결과 등 디테일한 정보를 숙지하고 있어야 합니다. 여기서 더 나아가 전문가인 약사에게 설명하려면 많은 노력을 하지 않으면 안 돼요. 그래서 저는 영업사원에게 필요로 하는 정보를 제공하면서 한 마디 덧붙입니다. 이 정보를 토대로 공략하고자 하는 약국의 특성에 맞게 가공해야 한다고요. 약국의 유형, 위치와 상권, 약사님의 성향 등을 파악한 다음 커스터마이제이션Customization을 해야 하는 거죠. 이 과정에서 PB 제품을 판매해야 하는 영업사원들은 자연스럽게 약에 대한 지식을 쌓을 뿐만 아니라 영업사원의 필살기인 설득력을 기르게 돼요."

청산유수 같은 정 이사의 말은 조목조목 일리가 있었다. 그런데 약에 대한 지식과 설득력은 영업사원의 기본이 아닌가. 그런 역량이 어떻게 직원들의 몸값과 직결된다는 걸까?"

"도매업체들이 제약사로부터 공급받아 약국에 배송하는 약의 90% 정도는 소위 전문의약품이에요. 이 약들은 의사의 처방전대로 조제하는 것이라서 약사 입장에서는 선택의 여지가 그다지 없어요. 그러니까 같은 효능을 지닌 여러 브랜드 중에 선택할 필요가 없는 거죠. 이 말인즉슨 영업사원은 그저 주문받은 약을 제때 배송해 주면 끝난다는 말이에요. 지식과 설득력이 필요하지 않지요. 약국에 배송하는 나머지 10% 정도가 의사의 처방 없이도 살 수 있는 일반의약품인데, 이 또한 보통의 영업사원들은 특정 회사의 약을 중점적으로 판매하려고 노력할 필요가 없어요. 전문의약품과 마찬가지로 주문한 약을 정확히 제때 배송해 주면 되죠. 그런데 티제이팜 직원들은 PB 제품을 다루다 보니 다른 회사 직원들이 기르지 못하는 역량, 즉 약에 대한 해박한 지식과 설득력을 갖추게 돼요. 저는 거기서 몸값이 결정된다고 봅니다."

33년 내공을 토대로 한 정 이사의 이야기는 논리적으로 한 치의 빈틈이 없었다. 긴 세월 동안 체득한 경험에 바탕을 둔 이야기라 더욱 설득력이 강했다. 경영학 선생인 나는 한 수 크게 배웠다는 느낌으로 인터뷰를 마쳤다.

물고기 잡는 법이 더 중요하다

나는 운을 신봉하는 사람이다. 그리고 더 노력하면 할수록
더 많은 운을 갖게 된다는 것도 잘 알고 있다.

- 토머스 제퍼슨

오성일 이사는 고객과 직원에게 신속 정확하기로 유명한 태전그룹 전산 시스템의 개발과 운영을 책임지고 있다. 그를 만나 태전 전산이 지나온 길을 들어보았다.

최근 수천 품목의 약값이 인하되었을 때 태전의 전산 시스템은 크게 빛을 발했다. 이는 태전 전산팀이 항상 업무의 효율성을 생각하여 더 나은 시스템을 고민해 왔기에 가능한 일이다. 태전 전산팀은 수년 전부터 약가 인하 조처가 내려졌을 때 약사, 태전의 영업사원, 경리팀 모두에게 생기는 업무 부하를 어떻게 하면 줄일 수 있을지를 고민해 이에 대응하는 시스템을 개발해 왔다. 그것이 최근 약가 인하 품목이 많아졌을 때 큰 효과를 발휘했던 것이다.

우리가 1만 원짜리 약을 사면, 그 가격의 70%는 심사평가원이 건강보험료로 부담하고 나머지 3천 원을 본인이 낸다. 그런데 주기적으로 심사평가원에서 약값을 심사·평가한 후 약값이 비싸게 책정되었다고 판단되면 인하하라는 조처를 한다.

예를 들어 2월 1일부터 1만 원 하던 약이 9천 원으로 인하되면 그 약을 가지고 있는 약국은 그 약을 1월 31일까지 도매상에 반품해야만 개당 1천 원의 손해를 면할 수 있다. 약가 인하 대상 품목이 몇십 개 정도라면 문제가 없지만 최근의 경우처럼 그 품목이 수천 가지에 달하면 혼란은 매우 심각하다.

그래서 한동안 태전을 비롯한 도매업체들은 서류 반품이라는 방식으로 대응했다. 영업사원이 A약국에 1천 원 인하된 B약이 10개 있다는 것을 확인하면 서류상으로 1만 원의 잔고가 있다는 것을 기록해 두었다가 다음에 약값을 청구할 때 이를 제한 금액으로 처리한다. 이렇게 하면 실제 약을 반품 받아 회사에 재입고하고 다시 약국으로 배달하는 수고를 덜 수 있다.

그런데 극소수이긴 했지만 이 방식을 악용하는 사례가 발생했다. 태전과도 거래하고 또 다른 도매상과도 거래하는 한 약국에서 태전에게도 10개를 서류 반품하고 C도매업체에게도 서류 반품을 했던 것이다. 이렇게 이중 반품이 이루어지자 이 사건으로 제약사로서는 그들이 실제 출고했던 약의 개수보다 훨씬 더 많은 반품이 들어와 손해가 나는 상황이 벌어졌다. 제약사들은 서류 반품을 거부하고 실물 반품만 받겠다고 했다.

그래서 태전이 생각해 낸 방식이 휴대폰에 탑재된 스캔 기능을 활용해 약의 코드를 확인하고 장부상으로 잔고를 처리하는 방식이었다. 2015년부터 보건복지부 방침에 따라 모든 약의 포장 박스에는 일련번호가 바코드 형태로 표시되어 있다. 그 바코드는 태전의 전산 시스템에도 등록되어 있으므로, 영업사원이 약국에 가서 포장재의 바코드를 스캔하면 태전이 납품한 약인지의 여부를 확인할 수 있다. 그 자리에서 약가 인하 대상이 맞는지, 차액이 얼마인지 확인되고, 그 정보가 회사 전산 시스템에 자동으로 입력되는 것이다. 이 일은 여러 사람의 일을 획기적으로 줄여주었다.

약사 입장에서는 약가 인하된 약들을 박스 포장해서 보내고, 약국 전산 시스템에 기록하고, 며칠 기다렸다가 약가 인하 적용 날짜가 되면 다시 주문하는 등의 수고를 덜 수 있었다. 약이 다시 배송되기를 기다리는 동안 그 약을 찾는 환자에게는 약을 판매하지 못하는 등의 손해도 보지 않을 수 있었다.

태전의 영업사원들도 반품 대상 약을 회사로 싣고 와서 재입고하지 않아도 되어 편리했다. 약이 재입고되려면 입고 담당 직원이 일일이 스캔하여 거래 명세서를 입력한 후 제 위치를 찾아 진열해야 하고, 다시 주문이 들어오면 바구니에 담아 찌그러지지 않게 포장한 후 배송 기사가 약국에 가서 다시 진열해야 하는데, 태전의 전산 시스템으로 이런 힘만 드는 일들이 사라지게 된 것이다.

약사, 영업사원, 이와 관련한 업무 담당자들의 노고를 한 방에 해결해 준 시스템이었으니 그야말로 자리이타의 금자탑이라 할 만했다. 이 시스템의 장점이 크다 보니 다른 도매업체에서 태전으로 문의가 많이 들어왔다고 한다. 어느 IT 업체가 개발해 준 것인지를 묻는 그들에게 태전이 자체 개발했다고 답할 때의 자부심은 이루 말할 수 없을 정도였다고. 타 업체에 프로그램에 대해 말해 주면서 필요하다면 그 회사에 맞는 프로그램을 개발해 주겠다고 했다. 경쟁 업체인데도 프로그램 개발까지 해주겠다는 것은 끊임없는 발전에 대한 태전의 자신감을 보여준다.

물론 지금은 태전과 비슷한 시스템을 개발해서 사용하는 도매업체들이 많아졌다. 그렇지만 태전은 여기서 한발 더 나아간 시스템을 개발하고 있다. 영업사원뿐만 아니라 약사들도 휴대폰으로 처리할 수 있도록 하는 시스템이라는데 이 책이 나올 때쯤이면 가동하고 있을 것으로 예상된다. 끊임없는 발전은 태전 전산팀의 기본값이다.

태전은 오수웅 명예 회장 시절부터 업무 전산화에 남다른 관심을 가지고 많은 시도를 해왔다. 오수웅 회장이 오성일 이사에게 요청한 것은 1997년경, "남원이나 고창에 사는 영업사원이 왜 아침마다 군산에 와야 하느냐. 영업사원들이 자기 권역에서 영업에 전념할 수 있게 방법을 찾아봐 달라."라는 말이었다.

당시는 인터넷도 상용화되지 않았고 전산팀도 없던 시절이라 해결책을 찾는 것이 쉽지 않았다. 그때 오성일 이사가 낸 아이디어가 컴퓨터에 모뎀이라는 장비와 전화선을 연결해 회사 서버에 연결하는 것이었다. 영업사원이 컴퓨터로 회사 서버에 접속하면 1번 주문 접수, 2번 반품 접수 등의 메뉴가 떠서 각자가 필요로 하는 약품을 주문하거나 반품할 수 있게 했다. 태전에서 했던 첫 번째 전산 시스템 구축 프로젝트였다고 할 수 있겠다. 지금 생각하면 아주 간단한 시스템이지만 이것이 도입되면서 먼 지역에 있는 영업사원이 굳이 군산을 오가지 않아도 되어 업무 효율화를 이룰 수 있었다.

이 시스템이 모태가 되어 본격적인 온라인 주문 시스템이 갖춰진 것은 2003년이다. 당시 부사장이었던 오영석 회장이 하루는 오성일 이사를 불러 "약을 주문하러 왜 꼭 전화를 해야 하나? 왜 항상 재고가 몇 개이고 단가가 얼마인지 전화로 알려줘야 하나? 전화하지 않아도 되는 시스템을 만들어달라."고 요청했다. 당시 매출이 100억 원도 안 되는 시절이었지만 거래처가 많다 보니 전화 받는 직원 6명이 풀타임으로 일해도 통화를 대기하는 고객이 점점 늘어났던 것이다. 전화 받는 직원을 더 고용해 해결할 수도 있었지만 미래를 생각해서 시스템 구축이 먼저라고 생각했던 것이다.

이 시스템을 도입한 후로 약사들은 컴퓨터로 현재 태전약품이 가지고 있는 품목과 재고, 단가를 확인하고 주문할 수 있게 되었다. 그런데 초기에는 이러한 시스템 도입이 쉽지만은 않았다고 한다. 그때까지 태전 영업사원들이 회사에 와서 하는 가장 첫 번째 업무가 거래처에 전화를 돌리는 일이었기 때문이다. 영업사원이 주문을 위한 제반 업무를 다 처리해 주는데 새삼 검색해서 직접 주문하라니 약사 입장에서 번거롭지 않겠느냐는 게 영업사원들의 의견이었다.

반대 의견도 신중히 검토해 시스템 도입에 따른 영업사원과 약사의 불편을 최소화하기로 했다.

그 결과 시스템을 최대한 사용하기 쉽게 개발하고 사용법도 여러 방법으로 안내했다. 주문 시스템이 만들어진 김에 주문과 결제뿐만 아니라 거래 내역도 확인할 수 있고, 약사와 소통하는 게시판도 만들어 영업사원과 약사 모두가 편리하게 이용할 수 있도록 기능을 업그레이드해 나갔다. 이 시스템이 나온 후 모든 도매업체가 따라하게 되었고 이제 주문 시스템이 없으면 주문을 못 받는 상태가 될 정도다. 그야말로 파이오니어*Pioneer*(선구자)라 할 만했다.

또 한 번의 변혁은 티제이팜을 새로 만들 당시 물류센터에 소터*Sorter*라는 자동 분류 설비를 도입한 일이다. 당시 전주에 근무하던 오성일 이사는 시스템이나 업무용 소프트웨어 개발자였지 물류에서 사용하는 자동화 솔루션 하드웨어와 그 기계를 컨트롤하는 프로그램 등은 잘 모르던 때였다. 그런데 수도권 전 지역을 대상으로 하는 큰 규모의 회사를 평택에 하나 더 만들어야 하니 최신화된 물류 설비 운영을 위한 전산 시스템을 개발해 달라는 요청을 받은 것이다.

오성일 이사는 먼저 사외 물류 전문가를 초빙해 공부를 시작했다. 그런 다음 일본도 가고 화장품 회사도 가고, 의류 회사도 가서 이들은 어떤 식으로 상품을 분류, 배송, 검수하는지 무수히 보고 배웠다. 이때의 연구들을 바탕으로 2008년 평택에 소터라는 자동 분류 시스템의 운영 프로그램을 자체적으로 개발했다. 처음에는 외부

업체에서 개발한 운영 프로그램을 납품받아 썼다. 그런데 쓰다 보니 바꾸고 싶은 기능이 생겨 납품업체에 프로그램 수정을 요청했더니 불가능하다는 답변을 받았다. 그때부터 열 달 동안 기계 제어에 대해 공부했다. 그런 노력 끝에 원하던 시스템으로 다시 개발하여 태전만의 소터 운영 프로그램을 사용하기 시작했다.

그런데 또 난관에 부딪혔다. 국가에서 모든 약품의 일련번호를 수집하겠다는 결정을 내린 것이다. 당시의 소터는 상품을 거래처별로 분류하는 시스템이라서 상품의 일련번호를 일일이 수집하는 것이 불가능했다. 소터 설비를 도입했던 여러 대형 회사에서도 이 문제를 해결하지 못해 몇십억짜리 설비를 막대한 손해를 입어가며 철거하기 시작했다. 태전도 막막하기는 마찬가지였다. 다만 달랐던 점은 태전은 소터 운영 프로그램을 자체적으로 개발해서 사용하고 있었고, 그 경험을 바탕으로 변화된 여건에 맞게 시스템을 변경할 수 있었다는 것이다. 어려움은 있었지만 약품의 일련번호까지 검수할 수 있는 프로그램으로 전환하는 데 성공해서 지금도 소터는 잘 돌아가고 있다. 운영 프로그램을 내부화하는 것의 중요성을 여실히 보여주는 사례다.

2011년 아이패드를 도입해 영업사원들을 전화로부터 해방시킨 일도 중요한 성과다. 당시엔 스마트폰도 초기 단계였고 영업사원들이 전화로 약품의 주문과 배달 여부를 확인하던 때였다. 그런데 전화를 받던 직원들이 영업사원들이 너무 많은 전화를 걸어와 정작 약국 전화를 받을 수가 없다며 이를 개선했으면 좋겠다는 의견을 냈다. 이에 전산팀은 곧바로 영업사원들이 전화하는 이유를 파악해서 시스템화하는 작업을 꾀했다. 아이패드에 10개의 메뉴를 만들어 상품 정보 조회, 결제 거래 내역 조회, 주문 조회, 주문 처리 결과 등 필요한 정보를 영업사원들이 직접 확인할 수 있도록 한 것이다. 그때만 해도 대부분의 도매업체가 영업사원에게 휴대폰은 지급하긴 했지만 아이패드를 쓸 생각은 못했는데 태전은 아이패드를 통해 영업사원이 영업 활동을 할 수 있도록 했다. 이 시스템을 도입한 후 영업사원이 회사에 전화하는 횟수가 많이 줄었고 업무 편의성도 크게 높아졌다. 태전에서 근무하다가 다른 도매업체로 넘어간 사원들이 다른 건 참을 만한데, 아이패드를 사용하지 못하는 게 제일 아쉽다고 이야기할 정도였다.

2007년 입고 시스템도 직원들의 일을 많이 줄여준 쾌거다. 그때는 지금처럼 입고 시스템이 없어서 제약사에서 약이 들어오면 거래명세표와 실물 약을 일일이 비교하여 수작업으로 검수했다. 보통 한 제약사당 50개 정도의 품목에 거래명세표 한두 장, 약을 담은 큰 상자 한두 개 정도였으니 불편하긴 했지만 못할 정도는 아니었다.

그런데 C사가 외국 큰 제약사들의 약을 직수입해 한국에 공급하면서 문제가 발생했다. 지금은 외국 제약사와도 직거래할 수 있지만 당시에는 C사로부터 여러 유명 외국 제약사의 약을 납품받아야 했다. 그러다 보니 어느 날은 약품이 담긴 팔레트가 10개, 거래명세표는 50장이 넘는 날도 있었다. 이 많은 양을 확인하고 검수하는 데 입고 담당자는 꼬박 3일이 걸렸다.

그때 오성일 이사가 자신이 공부하고 있던 ASN*Advanced Shipping Notice* 을 활용하면 좋겠다는 생각으로 시스템을 개발하기 시작했다. ASN 이란 '선적 사전 통보'로 선박이 물건을 컨테이너로 싣기 전에 미리 물건의 사전 정보를 받는 것을 말한다. 사전 정보와 바코드가 일치 하면 컨테이너를 바로 싣는 구조다. 그러면 컨테이너를 다 뜯어 물 건을 확인하는 수고를 하지 않아도 되었다.

여기서 아이디어를 얻어 태전은 입고 시스템을 개발했다. 먼저 거래명세표가 들어오면 그 거래명세표의 내용을 시스템에 입력했 다. 그러면 자동으로 코드 변환이 이루어지는데 이미 서버에 제품 의 바코드가 입력되어 있으므로 바코드 리더기를 들고 제품을 찍기 만 하면 입고 현황을 빠르게 파악할 수 있었다. 3일짜리 업무가 반 나절 만에 끝났을 때 입고 담당 직원뿐만 아니라 전산팀 직원 모두 가 희열을 느꼈다고 한다.

오성일 이사가 이끄는 전산팀의 활약은 여기서 끝나지 않았다. 태전 전산팀의 특징은 업무를 신속 정확하게 처리하는 데 필요한 기능들을 끝없이 추가한다는 점이다. 티제이팜 영업관리부에서 입 고 업무를 담당하는 김수정 과장은 전산팀에 고마웠던 순간을 묻자 망설임 없이 '입고 알림 자동 문자전송 기능'이라고 답했다. 영업사 원들이 시시때때로 전화해서 어떤 약이 입고되면 바로 알려달라고

하는데, 그 이유도 다양했다.

그런데 이런 요청이 너무 많다 보니 가끔 깜빡하고 놓치는 일이 생겼다. 입고 요청받은 사실이 나중에 생각나는 바람에 다른 영업사원은 다 출고시켰는데 정작 요청한 영업사원은 그 약을 못 가져가는 일도 있었다. 한 번은 진짜 중요한 약의 입고 알림 요청을 놓치는 바람에 꿈에서까지 괴로웠던 적이 있을 정도였다고. 그래서 영업사원들이 필요한 약을 전산에 등록을 해놓으면 그 약이 입고되었을 때 자동으로 문자가 전송되는 '입고 알림 자동 문자전송 기능'이 생겼을 때 김 과장은 크게 기뻐했다.

이후 김 과장은 '약이 입고되면 알려달라'는 영업사원의 전화를 받는 일이 없어졌고, 영업사원도 입고 알림 등록만 해놓으면 필요한 약을 누락 없이 받을 수 있었다. 이 시스템 개발은 모두의 업무를 정확하고 효과적으로 할 수 있게 도와주었을 뿐만 아니라 업무 스트레스도 경감시켰다.

김 과장은 전산팀이 개발한 또 다른 유용한 기능도 말해주었다. 입고 담당자 두 사람이 각각 거래명세서를 입력하고 나중에 합칠 수 있는 기능이었다. 그 기능이 생기기 전에는 어떤 약의 거래명세서가 많든 적든 혼자서 입력해야만 했다. 20~30장이 되는 경우도 있는데 그런 경우 혼자서 입력하기란 꽤 버거운 일이었다. 전산팀에 이런 불편을 이야기했더니 며칠 지나지 않아서 입고 업무를 여러 담당자가 따로 입력해도 합치기 기능을 사용해서 하나의 거래명세로 통합되도록 만들어 주었다. 덕분에 일 처리가 신속해진 것은 물론이고 입고 담당자끼리 협력할 수 있어 동료의식까지 강화되었다.

인터뷰를 마치고 드는 생각이 있었다. 물고기 잡는 법을 아는 건 얼마나 중요한 일인가. 물고기 잡는 법을 아는 사람이 회사에 있으니 직원들은 얼마나 든든할까. 세월이 갈수록 물고기는 점점 많아지고 종류도 더욱 다양해지는데, 그리고 앞으로는 물고기가 점점 더 빠른 속도로 도망 다닐 텐데.

전산팀은 끝없이 진화한다

성공은 영원하지 않고 실패는 치명적이지 않다.
계속하는 용기가 중요하다.
- 윈스턴 처칠

───

　티제이팜의 오성일 이사와 인터뷰를 하고 나자 태전약품의 전산 시스템에 대해 좀 더 알아보고 싶은 마음이 커졌다. 티제이팜 CS팀도, 영업관리부도, 태전약품 MZ 세대들도 업무 강도가 낮다고 느끼는 이유를 하나같이 전산에 있다고 입을 모았기 때문이기도 하다.

　그래서 태전약품 전산팀을 이끄는 김태정 팀장을 찾아가 인터뷰하기로 했다. 그런데 그를 만나러 가기 전에 티제이에이치씨에 근무하는 허옥선 주임을 우연히 만났다. 허 주임도 전산 시스템의 도움을 받은 경험이 있지 않을까 싶어 잠시 이야기를 나누었다.

　"저는 태전보다 훨씬 작은 의약품 도매업체에서 3년 정도 근무하다가 6년 전에 태전에 입사했어요. 입사한 지 6개월쯤 지났을까? 티제이팜 전산팀 오성일 이사님이 오셔서 직원들과 간담회를 했는데요. 업무하다가 불편한 점을 말해주면 전산 시스템을 개선해 주겠다는 거예요. 속으로 깜짝 놀랐어요. 전에 근무하던 회사에서는 상상도 못 한 일이거든요.

당시 제가 물류팀에서 입고 업무를 하고 있을 때였는데, 제 상사였던 대리님이 서슴없이 불편한 점을 말하더라고요. 오래된 일이라 정확한 기억은 아니지만, 입고 처리를 클릭 한 번으로 할 수 없는지에 관한 내용이었죠. 그 후 며칠 지나지 않아서 한 번 클릭으로 처리가 끝나도록 개선되었어요. 이런 일을 처음 경험해서였는지 기억에 남네요. 전에 근무했던 회사에서는 외부 업체가 개발한 프로그램을 사용했기 때문에 기능을 바꾸는 건 생각조차 못 했거든요. 그런데 태전은 자체 프로그램이라는 것도 놀라웠지만 프로그램이 계속 개선되고 있다는 점이 정말 신기했어요."

허 주임은 자신이 물류팀에 있던 1년 동안 여러 번의 전산 시스템 개선을 경험했다고 했다. 김태정 팀장이 물류팀에 상주하고 있어 문제가 있으면 바로 요청할 수 있었다. 어떤 오류가 있는지 화면을 캡처해서 보내면 곧 피드백을 받을 수 있었고 의견 대부분이 시스템 개선에 반영되었다니 업무에 얼마나 큰 도움이 되었을까? 나는 좀 더 구체적인 사례가 궁금했다. 그는 큰 기능은 아니지만 업무하는 입장에선 정말 많은 시간과 노력을 절약하게 해준 일이 있다고 했다.

"지금 제가 하는 일 중에 제약사에 우리에게 공급해 준 약들의 매출 현황을 보내주는 일이 있어요. 그런데 어떤 약은 그 약을 만든 제약사가 아니라 약품 판매 전문업체를 통해 들어오는데, 제가 전산 시스템 수정 요청을 하기 전에는 이런 경우의 매출 현황을 조회할 수가 없었어요. 즉 제약사와 판매처가 같을 경우에만 매출 현황이 조회된 거죠. 그런 경우가 약 90% 이상이었으니까요.

그런데 요즘은 A약을 여러 곳에서 판매하다 보니 그 약을 만든 제약사에 A약 매출 현황을 다 보냈는데도 누락된 매출이 있다고 연락이 오는 거예요. 판매 전문업체를 통해 판매된 약의 매출 현황이 빠졌다는 거죠. 그 데이터를 포함해 다시 보내 달라는데, 같은 일을 두 번 하는 것은 그렇다 치더라도 고객사로부터 이런 식의 클레임을 듣는 것은 회사에도 좋은 일이 아니다 싶어 말씀드렸죠.

그랬더니 정말 거짓말처럼 일주일도 안 돼서 시스템을 개선해 주셨어요. 약에 따라 제약사와 판매사가 다를 경우와 제약사와 판매사가 같을 경우 모두를 현황 조회 조건으로 입력할 수 있게 한 거죠. 그 후에는 매출이 누락되었다는 전화가 한 통도 걸려 오지 않았어요. 일이 간편해진 것도 좋지만 아무것도 아닌 일로 고객사가 더는 불편한 전화를 하지 않아도 되니 기분이 좋아요."

허 주임과의 잠깐의 만남을 끝내고 일선의 업무 담당자들이 고맙다고 느끼는 당사자인 김태정 차장을 찾아 그의 사무실에 들렀다. 반갑게 악수를 나눈 뒤 우리는 편안하게 이야기를 나눴다. 그는 회사는 다르지만 사실 태전 전산팀은 티제이팜의 오성일 이사 휘하에 있다며 업무적으로나 인간적으로나 존경하는 선배님이기도 하고 롤 모델이라고 했다. 말하는 그의 눈빛에 진심이 어렸다. 그에게 태전 전산팀 자랑 좀 해달라고 하니 쑥스러운 듯 말을 아끼긴 해도 주저 없이 이어 나갔다.

"전산팀의 자랑거리라…. 제일 먼저 생각나는 게 2007년 우리 직원들이 엄청나게 좋아했던 '제약사 발주 프로그램에서의 팩스 전송 기능'이네요. 당시에는 매일 400여 개의 제약사에 주문서를 인쇄해 팩스로 전송했어요. 매일 한다는 게 보통 일은 아니었지요. 그걸 전산상에서 자동으로 각각의 회사에 전송할 수 있게 한 거예요. 영업사원들이 ERP*Enterprise Resource Planning*(전사적 자원 관리) 시스템에 어떤 제약사의 어떤 약들을 주문하겠다고 각각의 수량을 입력하면 제약사별로 취합한 다음 A4 형식으로 만들어서 그 회사 팩스로 바로 전송하게끔 한 거죠. 모니터상의 버튼 하나만 클릭하면 되었어요.

한동안 잘 썼는데 요즘은 인터넷 환경으로 바뀌면서 용도가 많이 줄었어요. 제약사마다 자기 회사 전용 사이트에 접속해서 주문하도록 시스템을 바꿨거든요. 사이트에 일일이 접속해서 주문해야 하는 데다 허위 주문을 막기 위해 인증서까지 요구하는 터라 자동화가 어려워요. 하지만 또 다른 방법을 연구 중이니까 조금만 기다려 보십시오!"

그는 약국 등에서 주문받은 내용을 물류에 통보해 주는 프로세스를 자동화한 것도 기억에 남는다고 했다. 주문을 받으면 출고 원장에 '어느 약국에 어떤 약들을 얼마만큼 어느 시간대에 출고'할 것인지를 기재해 창고에 전달해야 약을 챙겨 배송해 줄 수 있다. 그런데 태전은 주문이 다양한 경로로 들어오기 때문에 이를 종합적으로 관리하는 기능이 필요했다.

약국을 방문한 영업사원들이 주문을 받아 아이패드에 입력하기도 하고, 회사 담당부서에서 전화로 주문을 받기도 하고, '다람이몰'이라는 태전 전용 쇼핑몰에서도 주문이 들어오고, 타 회사가 운영하는 쇼핑몰에서도 주문이 들어오는데, 이 모든 경로를 통해 들어오는 주문을 태전약품 것과 티제이팜 것으로, 그리고 다시 티제이팜의 네 개 물류센터로 나눈 다음, 시간대와 배송 코스별로 분류해 두 회사의 물류 창고 시스템으로 자동 전송해 주는 서비스였다.

"이걸 만약 수작업으로 한다고 생각해 보세요. 사실 예전에는 수작업으로 했던 일이긴 해요. 기왕 통신몰 이야기가 나왔으니 말씀드리자면, 현재 통신몰은 13개에요. 태전이 취급하는 2만 개 정도의 약들이 이 통신몰 어딘가에서 판매가 되고 있죠. 그런데 약사님들이 가장 당황하는 경우가 몰 화면에는 재고가 있다고 해서 주문을 넣었는데 막상 창고에는 재고가 없어서 배송되기로 한 날짜에 배송이 안 되는 거예요. 게다가 태전은 통신몰 13개에만 납품하는 것이 아니라 다람이몰과 태전약품과 티제이팜 영업사원이 납품하는 수천 개의 약국까지 커버하다 보니 그야말로 실시간으로 재고를 관리하지 않으면 품절 상황이 수시로 벌어질 수 있죠. 그래서 저희 전산 시스템은 이 모든 재고 관리를 말 그대로 초 단위로 하고 있어요."

다음으로 그가 소개한 전산팀의 자랑거리는 직원들의 업무를 정말 많이 줄여준 프로그램이었다. 2016년부터 건강보험심사평가원이 전문의약품 유통 현황을 관리하기 시작하면서 모든 도매업체는 어떤 (일련번호의) 약을 어느 약국에 얼마에 팔았다는 정보를 판매한 다음 날 24시까지 의약품관리종합정보센터 사이트(건강보험심사평가원 운영)에 제출해야 했다. 마약류 또한 마찬가지 방법으로 마약류 통합정보관리센터(한국의약품안전관리원 운영)에 판매한 다음 날 24시까지 제출해야 한다. 체온계, 혈압계 같은 의료기기 등의 판매 정보는 식품의약품안전처의 의료기기 통합정보센터에 매월 말일까지 제출해야 한다.

"태전그룹이 하루에 납품하는 전문의약품이 평균 1만 품목에 23만 개 정도니 대충 작업량이 느낌 오시죠? 이 많은 보고를 우리 회사 직원들은 마우스 클릭 몇 번으로 해결하고 있어요."

그렇다면 다른 도매업체들은 이 복잡한 일을 어떻게 처리하고 있을까?

　"우리 회사처럼 자체 개발 역량이 없다면 일이 아주 복잡하겠죠?
아무리 잘하는 회사라도 회사 전산 시스템에서 해당 데이터를 내려
받아 각 센터가 요구하는 양식에 맞춰 가공한 다음 해당 사이트에 업
로드하는 일은 해야 할 거예요. 그런 기능마저 없다면 수작업을 피
할 수 없죠. 제가 아는 어느 회사에는 앞서 말한 세 가지 보고 업무를
전담하는 직원들이 따로 있더라고요."

　그의 말을 들어보니 전산 시스템 개발이 업무 효율화에 정말 중
요하다는 생각이 들었다. 그는 전산팀이 자체 개발 역량이 있으면
지금까지 말한 것 외에도 많은 이점이 있다고 했다. 하지만 무엇보
다 정확한 데이터를 적시에 정확하게 제공하는 것을 최우선 순위로
둔다고 힘주어 말했다.

　"회사를 경영한다는 것은 '수많은 의사결정의 연속'이잖아요. 어
떤 약을 언제 어느 제약사에서 구매해야 할지, 특정 약의 도매 단가
를 어느 정도로 책정해야 할지, 약의 재고를 어느 정도로 얼마 동안
유지해야 할지, 경영진뿐만 아니라 각 부서 업무 담당자들도 해야
할 의사결정이 헤아릴 수 없을 만큼 많아요. 그런데 이 모든 의사결
정을 하려면 정확한 데이터가 있어야 하잖아요. 저희는 그 데이터를
적시에 정확하게 요구하는 형태로 제공하는 것을 최우선 순위로 두

고 있어요. 상품별로, 제조사별로, 유통기한별로, 제품군별로, 현재 보관 위치별로, 연도별로, 거래처별로, 판매 추이별로 등등 저희는 뭐든 데이터화할 수 있죠."

태전의 전산팀은 계속 발전할 것이다. 그는 전산팀이 만든 프로그램 덕분에 직원들이 여가를 즐기는 모습을 보면 기분이 좋아진다고, 무엇보다 전산쟁이인 자신은 이 일이 너무 재미있다고 했다. 전산 시스템을 개선하는 일이 즐겁다는 김 팀장의 상기된 얼굴에서 이들은 이미 태전의 미래를 살고 있음을 느낄 수 있었다.

아픈 사람은 무조건 쉬게 한다

진정한 리더십은 다른 사람들이
당신을 따르도록 강요하는 것이 아니라,
그들로 하여금 당신을 따르고 싶게 만드는 것이다.
- 알렉산더 더 그레이트

30여 명의 직원이 근무하고 있는 전주 물류센터는 약 1만 5천 종류의 약품을 구비하고 있는 대규모 물류창고다. 실로 전국 어떤 약국에서 어떤 약을 주문해도 100% 커버할 수 있는 전국 최고 수준의 역량을 자부하고 있다.

이곳을 책임지고 있는 인물 중 한 사람이 바로 올해로 22년째 근무하는 이상화 부장이다. 물류팀은 전산 시스템을 통해 물류팀으로 주문서가 들어오면, 주문서가 붙은 상자가 해당 구역을 지나는 동안 주문서의 약품을 해당 진열대에서 찾아 필요한 개수만큼 상자에 담는다. 이상화 부장과 5명의 팀원은 어떤 구역에 배치되어도 척척 일을 해낼 수 있는 멀티 플레이어이다.

이런 일을 하게 되면 빠른 걸음으로 하루에 약 2만 5천~3만 보를 걷게 되므로 모두가 건강을 유지하는 게 매우 중요하다. 한 사람이 빠지면 6명이 할 일을 5명이 해야 해서 선배들은 조기축구회에 가입하는 것도 금지했다고 한다. 어쩌다 다치기라도 하면 몸이 나을 동안 나머지 팀원에게 부담을 주기 때문이다. 요즘 MZ 세대는 개인의 사생활을 통제하는 것처럼 느껴질 수도 있지만, 그럼에도 태전약품 물류팀은 건강을 유지해 업무 환경에 변수가 생기지 않도록 하는 것이 더 중요하다는 판단이다.

다만 이상화 부장은 강압적인 방식이 아닌 자발적인 협동이 일어날 수 있도록 유도하고 있다. 일례로 명절 바로 전날, 모두가 늦게까지 야근해야 할 정도로 바쁜 날이었는데, 한 팀원이 몸이 아파 안색이 안 좋아 보였다. 말도 못 하고 끙끙대며 일하는 그를 보고 이상화 부장이 다른 팀원들에게 양해를 구한 후 퇴근시켰다. 그리고 그날 밤 10시가 넘어 작업이 끝나고 팀원들과 간단하게 맥주 한잔하면서 언제 누가 아플지 모르니 다른 건 몰라도 몸이 아픈 사람은 무조건 쉬게 해주자고 했다.

이상화 부장이 이끄는 물류팀은 '항상 다 같이 끝내자'라는 원칙을 가지고 있다. 그는 용광로에 들어가면 잡철들이 모두 같은 성질로 변하는 것처럼, 태전에서 일하다 보면 개인주의적 성향이 강했던 사람도 한 식구라는 인식을 갖게 된다고 했다.

하지만 몸이 너무 힘들면 그런 원칙을 끝까지 지키기가 어렵다.

특히 물류팀처럼 매일 몸을 움직이다 보면 몸이 정신을 지배하기도 한다는 걸 뼈저리게 느끼게 된다. 그래서 4개 구역을 6명이 담당하도록 업무 환경을 재구성했다. 여유 인력을 두면 그만큼 인건비가 더 들지만 업무 환경의 개선을 더 중요하게 생각해서 내린 결정이다.

매일 같은 일을 반복하다 보면 매너리즘에 빠지게 될 법도 한데 태전 물류팀은 주문서에 따라 약품을 상자에 넣는 업무를 매일 하면서도 창조적인 아이디어를 구상하며 일하고 있었다. 예를 들어 약품 상자의 크기는 서로 다르고 진열 공간은 한정되어 있기 때문에 약품을 진열할 때는 머리를 써야 한다. 또한 약마다 한 박스에 담긴 소포장 개수가 각기 다르므로 주문서에 맞게 효율적으로 납품하려면 어떻게 진열해야 할지도 의사결정을 내려야 한다. 즉 20개 소포장이 들어있는 약품이 100상자 있는데, 약국에서 15개씩 주문하는 경우가 종종 있다면 물류팀은 100상자를 모두 개봉해 진열해 두는 게 좋을지, 아니면 일부 상자만 개봉하는 것이 효율적인지를 결정해야 한다.

그래서 이 부장은 직원들에게 항상 '머리를 쓰자'고 강조한다. 신제품이 끊임없이 나오고 포장의 크기와 내용물의 개수도 계속해서 바뀌므로 그때마다 새로운 아이디어가 필요한 것이다. 취급하는 약들이 하루 또는 일주일 사이에 완전히 바뀌는 경우도 많으므로 이 약들을 어느 공간에 어떤 형태로 진열해야 이동거리를 최소화할 수 있을지를 수시로 연구해야 한다.

사실 이러한 노하우는 가르쳐 주는 데 한계가 있다. 그래서 신입사원도 시행착오를 통해 배워나가야 한다. 그런 과정에서 더 좋은 아이디어가 나와서 가끔은 고참이 신입사원에게 배울 때도 있다. 여러 가지를 동시에 기억해야 하는 수고를 덜고 기억이 잘못되어 실수하는 것도 줄일 수 있지 않겠냐며 구역마다 작은 화이트보드를 놓자는 아이디어도 신입사원에게서 나왔다. 작은 변화였지만 업무 효율화에 크게 이바지한 아이디어였다.

이 부장은 태전그룹의 7가지 핵심가치 중 '평생학습'을 제일 좋아한다. 태전그룹은 2007년부터 직원 추천이나 투표로 선정된 책을 매달 전 직원에게 나눠주며 독후감을 쓰도록 하고, 회사별로 2명씩 최우수 독후감상(賞)을 시상하기도 한다. 책을 읽는다고 해서 일과 관련한 아이디어를 바로 얻는 것은 아니지만, 독서는 함께 협력하고 더욱 창의적이어야 함을 일깨워주는 가장 효과적인 방법이라고 이 부장은 힘주어 말했다.

'몸이 아픈 사람은 무조건 쉬게 해주자. 그리고 머리를 쓰자'를 강조하는 이상화 부장. 협력과 창의적인 아이디어를 중시하는 이 부장의 리더십이 있었기에 물류팀의 업무가 효율적으로 이루어지는 것은 아닌가 하는 생각을 했다. 무엇보다 하루의 상당한 시간을 함께하는 팀원들이 서로 배려하며 즐겁게 일하는 모습이 참 행복해 보였다.

우리 물류센터에는
장기근속자가 많아요

좋은 판단은 경험에서 나온다.
그리고 경험은 형편없는 판단에서 나온다.
- 리타 메이 브라운

───────

　최용석 부장은 티제이팜 평택 물류센터의 총책임자다. 입사 이래 12년째 물류센터 일에 전념하고 있는 그를 만났다. 물류센터의 자랑거리를 딱 하나만 들어달라는 말에 그는 주저하지 않고 "우리 센터에는 장기근속자가 많습니다."라고 잘라 말했다. 장기근속자? 그게 왜 자랑거리일까?

　"겉으로는 아니라고 말하지만 우리 회사뿐만 아니라 이곳 평택에 있는 물류센터에서 일하는 사람들은 자기 스스로를 기술도 없고 단순 반복적인 일을 하는 사람이라고 생각하고 있어요. 제가 12년 전 이 회사에 왔을 때도 물류를 회사에서 가장 밑에 있는 부서로 인식하는 분위기가 팽배했죠. 그러니 월급을 조금이라도 더 준다는 곳이 있으면 아무 미련 없이 회사를 떠나버렸어요.

그런데 저는 생각이 좀 달랐습니다. 물류는, 특히 의약품 도매 회사에서의 물류는 매우 중요한 기능을 담당한다고 보았죠. 영업이 잘되려면 주문한 약이 제때 정확하게 배달되어야 하니까요. 만약 물류 센터 직원들이 약을 포장하는 데 실수가 잦고 배송 기사가 잘못 배송하거나 파손되는 경우가 발생한다면 그런 일을 겪은 약사님들이 티제이팜에 다시 주문하겠어요? 잘 아시겠지만 티제이팜은 최근 10년 사이에 매출이 3배로 급성장했습니다. 저는 그 공의 반은 영업이고 나머지 반은 물류라고 생각합니다."

서슴없이 하는 그의 말에 자부심이 느껴졌다. 차근차근 그 이야기를 들어보았다. 장기근속자가 많은 것과 오송(誤送), 미송(未送)이 줄어드는 것은 어떤 관계가 있는 것일까?

"수만 가지 약 중에 주문한 약의 종류와 개수를 찾아 파손되지 않은 상태로 제때 배달하는 것은 생각보다 간단한 일이 아닙니다. 그런데 오래 근무한 분들은 경험을 통해 약국에 배달될 약들을 상자에 담을 때 드링크제처럼 부피가 크고 무거운 약은 상자 아래쪽에 넣고, 부피가 작고 가벼운 약은 그 위에 담아야 운반 도중 파손 위험이 줄어든다는 것을 알고 있어요. 우리 티제이팜은 장기근속자가 많아서 그런 판단을 순간적으로 할 수 있죠. 탁월한 아이디어도 나오고요. 수년 전부터 하고 있는 묶음 포장도 오래 근무한 직원에게서 나온 아이디어에요. 5g짜리 연고가 제약사에서 우리 센터로 입고될 때는 한 박스에 20개가 담겨 오는데 약국에서 5개 단위로 주문하는 경우, 저희는 그 연고를 5개씩 고무줄로 살짝 묶어서 바구니에 담아둡니다. 그러면 약국별 박스 포장을 하는 직원이 일하기가 수월해지죠.

또 하나 예를 들어볼게요. 마지막 공정에서는 각 약국으로 향하는 약들을 박스에 담는 작업을 합니다. 이때 숙련된 분들, 즉 장기근속자들은 척하면 척하고 약의 양에 맞는 박스 크기를 가늠하여 한 번에 담습니다. 무거운 것은 아래로, 같은 약은 묶음 포장하면서요. 소위 눈썰미가 좋아 해당 박스에 빈 곳 없이 정확하게 약들이 담기죠.

빈 곳 없이 박스들이 적재되니 차가 좀 흔들려도 파손 위험이 줄어들고, 차 한 대로 더 많은 약국에 배달할 수 있어 불필요한 박스의 낭비가 없으니 약국에서도 빈 박스를 처리해야 하는 부담이 줄어들겠죠? 박스마다 약을 꽉꽉 채워 가니 물류비도 줄고요. 포장만 잘해도 편해지는 일들이 많은 거예요.

저도 처음에는 오래 근무한 분들이 이렇게 아이디어를 잘 내고 내공을 발휘할 줄은 몰랐어요. 누군가 '우문현답'을 '우리의 문제는 현장에 답이 있다'라고 재해석했다는데 저는 이 말에 전적으로 동의합니다."

물류센터 직원들이 창의적으로 오래 근무하도록 하기 위해 최 부장은 무엇을 어떻게 했을까?

"뭐 특별한 게 있었던 것은 아니고요. 글쎄요. 저는 직원이 처음 왔을 때 먼저 반말을 하지 않습니다. 아무리 어려도 깍듯이 존댓말을 쓰죠. 그러다가 밥도 같이 먹고 술도 한잔하면서 어느 정도 친해지면 그때부터 편하게 이야기를 합니다. 저는 이 원칙을 다른 직원에게도 당부하고 꼭 지키도록 했어요. 사실 이 근처에 물류센터가 무척 많은데요. 물류 일을 단순노동으로 생각해서인지 다른 회사에는 이런 풍토가 없다고 해요.

예전에는 회사 분위기가 영업사원이 최고였어요. 영업사원이 약을 빨리 포장해 달라고 하면 물류는 다른 일을 하다가도 그 일을 먼저 해줬죠. 어떨 때는 그런 일이 하루에 20~30건씩 생겼어요. 그러다 보니 물류센터 내의 통제실 직원들의 스트레스가 이만저만이 아니었죠. 그래서 제가 영업팀장을 만나서 건의했어요. 급배송 건을 하루 5건으로 제한해 달라. 대신 오송이나 미송을 최대한 없애고 출고 시간도 단축해 보겠다고요."

물류는 시키는 일을 무조건 하는 부서로 알고 있었는데 이때를 계기로 물류센터 직원들의 업무 환경에 관심을 가지게 되었고 물류센터 직원들을 존중하는 분위기로 만들 수 있었다고 한다. 그야말로 자리이타 협상의 표본인 셈이다.

"또 하나, 이건 가끔 있는 일인데요. 직원이 실수로 일을 잘못 처리하는 경우 저는 현장 감독자나 그 직원의 사수에게 '일부러 실수하는 것이 아니라면 혼내지 말고 알려주라고, 한 번 알려줘서 모르면 이해할 때까지 가르쳐주라고 당부합니다. 충분히 가르쳐 주었는데도 실수가 반복되면 그 사람은 그 일에 적성이 맞지 않는 것이니 업무를 바꿔주라고도 하고요.

아, 이것도 장기근속자가 많은 이유가 될 것 같네요. 우리 회사는 물류센터 직원도 영업이나 관리팀 직원과 똑같이 승진의 기회가 주어집니다. 직급 체계도 똑같아요. 회사에서 물류센터를 다른 부서와 동일하게 처우하니 다른 부서 직원들도 물류센터 직원들을 존중할 수밖에 없죠."

이밖에 최 부장은 이곳 평택은 물류센터가 밀집되어 있어 직원 구하기가 쉽지 않은데 장기근속자가 많다 보니 직원을 채용할 때도 다른 회사보다 유리하다고 했다. 장기근속자가 많다는 것은 그만큼 회사와 일하는 사람들이 좋다는 증거이기 때문이다.

"실제로 직원들이 오래 일하다 보니 기술력도 쌓이고 서로 돕는 분위기가 생겼어요. 갑자기 일이 폭주해서 잔업을 해야 할 때도 회사 상황을 이해하고 싫은 내색 없이 함께 일을 합니다. 그런 모습을 볼 때면 고맙기도 하고 직원들에 대해 자부심도 느껴져요."

보통 물류업체는 일도 힘들고 말도 함부로 하는 등 업신여기는 분위기가 있다. 하지만 태전 물류팀 직원들은 다른 곳으로 이직했다가도 이곳이 얼마나 좋은 곳인지 알게 되었다며 다시 돌아오는 경우가 꽤 있다고 한다. 이는 일의 종류를 막론하고 직원 한 명 한 명을 소중히 여기는 최 부장의 마인드가 발휘된 덕분이라는 생각이 들었다. 최 부장과의 대화 속에서 일보다 사람을 우선으로 여기는 리더를 다시 생각해 보게 된다. 존중받는 직원들이 어떻게 주인 의식을 가지며 회사에서 일하는지도 알게 되는 시간이었다.

우리도 티제이팜이랑
일하는 게 편해요

빨리 가려면 혼자 가고 멀리 가려면 함께 가라.

- 아프리카 속담

　한공열 반장은 지입 기사다. 다시 말하면 티제이팜 직원이 아니다. 그런데 한 반장은 웬만한 정규직 사원보다 오랫동안 (15년째) 티제이팜 밥을 먹고 있다. 그를 통해 지입 기사들이 티제이팜과 일하는 걸 좋아한다고 말하는 이유를 들어보았다.

　"우선 약을 약국별로 포장해서 박스에 담아주어 좋아요. 다른 도매업체들은 그렇지 않거든요. 그날 그 코스에 A약을 주문한 약국이 20곳이고 합계가 50개라면 50개를 그냥 한 박스에 담아줘요. 그러면 약국 주차장에 도착할 때마다 주문한 개수만큼 약을 일일이 세서 전달해야 하죠. 엄청 손이 가지 않겠어요? 그런데 티제이팜은 약국별로 박스 포장한 후 박스 겉면에 어느 약국 물건인지, 박스 안에 어떤 약들이 얼마나 들어 있는지를 표시해 줘요. 보통 배송 기사들이 오전에 40여 곳, 오후에 40여 곳 약국을 돌면서 약을 전달하는데, 포장을 이렇게 해주니 시간도 절약되고 일도 수월합니다.

게다가 티제이팜 물류센터는 주차장이 넓어요. 창고 바로 앞에 한 번에 12대씩 주차할 수 있고 공터에도 10대 이상 차를 둘 수 있으니 물건 싣기가 편하죠. 기사 입장에서는 주차장 여건이 정말 중요해요. 주차장이 좁은 물류센터에서는 서로 먼저 차를 대겠다고 신경전을 벌이다가 접촉 사고가 나기도 하고 기사들 간에 싸움도 일어나거든요.

통제실에서 단체 카톡방에 A기사님은 오전 1차 오후 2차, B기사님은 오전 2차, 오후엔 3차 이런 식으로 알림을 보내주는 것도 일을 편하게 해줘요. 상차(차에 물건 싣기) 순서가 엉키거나 서로 먼저 싣겠다는 시비가 붙을 일이 원천적으로 없어지는 거니까요. 멀리 가는 차량을 배려해 순서를 정한다는 사실을 모두가 아니까 상차 순서에 불만을 갖는 사람도 없고, 그러다 보니 기사 간 협력심도 좋아져 뒤쪽 순서의 기사가 앞서 물건을 싣는 기사들을 도와주기도 하죠. 어차피 그 차가 빠져야 자기 차례가 되니까 서로 좋은 거예요.

그리고 가끔 일어나는 일이지만, 자기와 비슷한 코스의 기사가 약상자를 빠뜨리고 출발했을 때 그걸 대신 전달해 주기도 해요. 그런 일이 자기한테도 생길 수 있으니 서로 돕는 거죠."

한 반장의 말에서 나는 이곳에서도 자리이타가 작용하는 예를 확인할 수 있었다. 그는 물류부 최용석 부장에게 건의사항을 말하면 상당히 빨리 조치해 준다며, 그런 점도 기사들이 티제이팜을 좋아하는 이유라고 했다.

"겨울에는 아침 7시에도 어둑어둑하잖아요. 그래서 기사들이 자기 코스로 가야 하는 박스인지 확인하는 게 어려웠어요. 그걸 최 부장님에게 이야기했더니 바로 다음 날 전등을 바꿔주더라고요. 또 눈이나 비가 오는 날은 트럭을 아무리 가까이 대도 눈비가 들이쳐서 박스가 젖는다고 했더니 상차 공간 위에 커다란 가림막을 설치해 주었어요. 일주일도 안 돼서요. 이러니 기사들 간에 티제이팜하고는 끝까지 함께 하자는 사람들이 많은 거죠."

회사 자랑
조금만 할게요

태전 직원들의 회사 자랑은 상당히 특이하다. 사내 커플이 많은 회사, 자기개발을 적극 지원해주는 회사, MZ도 좋아하는 회사라며 인터뷰 주인공들은 진심으로 회사를 자랑했다. 다른 회사에 근무해 본 경력자들의 증언은 이들의 회사 자랑이 결코 과장이 아님을 증명한다.

우리 회사에는
사내 커플이 많아요

결혼에서의 성공이란
단순하게 올바른 상대를 찾아서 오는 게 아니라
올바른 상대가 됨으로써 오는 것이다.
- 브뤼크너

회사 스토리를 쓰기 전, 태전그룹 사장단이 모인 회의에서 '꼭 들어갔으면 좋을 주인공이나 소재'에 대해 아이디어를 구했다. 그 자리에서 나온 아이디어 중 하나가 태전그룹에는 유난히 사내 커플이 많다는 것이었다. 태전그룹 직원이 600여 명인데 사내 커플이 17쌍(34명), 그러니까 전 직원의 5.6%가 사내 커플이었다. 회사별 사내 커플 비율이 통계청에 등록된 것은 아니니 객관적으로 비교할 수는 없지만, 태전그룹 직원이라면 누구나 사내 커플이 많다고 느끼는 듯했다.

사내 커플에 대한 이야기는 티제이에이치씨 문혜영 과장과의 인터뷰로 알 수 있다. 그를 만나 사내 커플이 되어 행복하게 살고 있는 결혼 생활을 살짝 들여다보기로 했다.

"저도 회사에 사내 커플이 유난히 많다고 느끼긴 했어요. 회사 직원들이 가족처럼 지내다 보니 어쩌면 당연한 일인지도요. 그중 저희가 대표 커플로 인터뷰하게 되어 영광입니다."

그는 태전약품에 들어온 지 얼마 되지 않은 2013년 신입사원일 때 당시 영업부 사원이었던 홍경진 과장과 결혼했다고 한다. 회사에서 일하는 모습을 가까이서 보다 보니 자연스럽게 연애도 하고 결혼까지 하게 되었다고. 결혼과 회사 생활의 균형에 관해 묻는 나의 질문에 문 과장은 수줍음과 행복함을 담은 미소를 띠며 말을 이었다.

"연애 시절 묵묵하게 일하는 남편의 모습이 좋아 보였어요. 그를 부장님과 이사님들이 칭찬하는 걸 듣다 보니 더 멋져 보였고요. 당시 남편은 말단 사원이었고 저는 입사한 지 얼마 되지 않았어요. 저나 남편이나 맡은 업무와 상사가 지시하는 일들을 기꺼이 해내는 타입이긴 했죠. 그래서인지 저희가 결혼한다고 하자 부장님, 이사님 모두 좋은 사람끼리 잘 만났다며 축하해 주시더라고요.
물론 처음에는 저도 맡은 일 이외에 다른 일을 시키면 툴툴대곤 했어요. 제가 신입사원이던 시절에는 사내에 젊은 직원이 별로 없을 때여서 자료 조사나 PPT 만드는 일은 모두 저에게 왔거든요. 저에게만 일이 몰리는 것 같아서 억울했죠. 하지만 남편과 결혼을 결심한 후 생각해 보니 저의 언행이 저 하나의 평판으로 끝나지 않겠구나 하는 생각이 들더라고요. 그래서 태도를 바꿨죠. 업무상 요청이 있으면 웃으면서 돕고, 오히려 '필요하신 거 없으세요?' 하며 먼

저 다가갔어요. 사내 결혼을 의식해서 시작한 일이었지만 그러다 보니 제 평판도 좋아지고 마음도 즐거워지더라고요.

　게다가 요청받은 업무를 하는 과정에서 업무 능력이 빠르게 향상되기도 했어요. 당시 요청받은 일들은 주로 발표 자료를 작성하는

것이었는데, 그러려면 제품과 관련한 자료 조사는 물론 시장 상황과 경쟁 제품도 알아야 하거든요. 덕분에 다른 신입사원보다 회사에 빠르게 적응하고 회사 전체 업무에 대해 알 수 있었죠. 오히려 제가 성장할 수 있는 계기가 되었어요."

나는 문 과장에게 사내 커플의 좋은 점이 뭐냐고 물어보았다. 그는 가장 좋은 점은 서로를 이해하게 되어 아이를 돌보기가 수월하다는 것이었다.

"같은 회사에 다니다 보니 야근이나 회식 등 일정이 겹치는 날이 많아요. 저희 둘만 있을 때는 괜찮았지만 아이들이 생기니 둘 중 한 명은 아이를 돌봐야 해서 어려움이 생기더라고요. 어느 날 제가 남편에게 회식이 있다고 하니 자기가 아이들 돌볼 테니 편히 다녀오래요. 그런데 알고 보니 그날 남편도 부서 회식이 있었더라고요. 그런 줄도 모르고 있다가 나중에 다른 직원으로부터 그 말을 듣고는 미안했어요. 저를 배려해 주는 남편이 참 고마웠죠. 이런 일이 한두 번 쌓이면서 어느새 상대의 일정을 먼저 생각하게 되고 애정과 신뢰도 더 깊어졌어요. 그런데 이는 남편과 제가 회사 상황에 대해 잘 알고 회사 사람들도 저희 부부의 사정을 잘 아니까 가능했던 거라고 봐요."

그런데 이는 같은 회사에 다니는 장점이라고 보기보다는 이 커플의 인성이 좋았던 것은 아닐까, 하는 생각을 하는 찰나 문 과장이 또 하나의 이야기를 꺼냈다.

"시어머니도 저를 많이 아껴주세요. 늘 저에게 일하랴 아이들 키우랴 바쁘게 산다며 시댁에 가도 저에게는 일을 시키지 않으세요. 요즘 며느리들은 시댁에 가는 걸 부담스러워한다는데 저는 그렇지 않아요. 오히려 제가 시댁에 가자고 남편에게 먼저 말하곤 해요. 그런데 이렇게 된 건 남편이 먼저 그렇게 해주었기 때문이에요. 남편이 언제나 장인 장모를 챙기고 처가에 가자고 하거든요. 그러니까 저도 절로 시댁 부모님과 가족들을 챙기고 싶어지더라고요."

회사에서 자리이타를 잘 실천하는 이들이다 보니 집에서도 그리 사는구나 생각하며 인터뷰를 끝내려는데 문 과장이 꼭 하고 싶은 이야기가 있다고 했다.

"저는 태전약품에 입사한 걸 제 인생 최고의 선택이라고 생각해요. 지금 이렇게 좋아도 되나 싶을 정도로 더할 나위 없이 행복하거든요. 이런 생활이 가능하게 된 선택의 순간은 남편을 만난 것도, 정식 사원이 되었을 때도 아닌 입사를 결정했던 바로 그때예요.

저는 대학교 4학년 1학기를 끝내고 여름방학 때 3개월 인턴으로 태전에 들어왔어요. 취업을 앞둔 때라 인턴 경력을 쌓기 위한 일자리를 알아보던 중이었거든요. 당시엔 무슨 회사인지도 몰랐어요. 그런데 일을 하다 보니 다른 회사에서 인턴을 하는 친구들과는 굉장히 다르다는 걸 알게 되었어요. 일개 인턴인 저에게도 권한과 기회가 주어졌거든요. 직위와는 상관없이 발전 가능성을 믿고 일을 맡긴 거죠. 사실 당시에는 원래 그런가 보다 했는데 다른 회사에서 인턴을 하던 친구들과 대화를 하고서야 깨달았죠.

제가 인턴으로 들어왔을 당시 사장님이셨던 오영석 회장님이 마케팅팀을 신설했는데, 그때 제가 그 팀에 합류하게 되었어요. PB 제품을 만들기 시작하면서 홍보할 방법을 궁리하던 단계였죠. 처음 해보는 회사 생활에서 책으로만 보던 마케팅 방법론을 실전으로 해볼 수 있었으니 얼마나 재미있었겠어요.

그렇게 한 달 반 정도 지났을 때 대학 교수님에게 전화가 왔어요. 한 회사에 추천을 해뒀으니 내일 가서 면접을 보라고요. 말씀하신 회사가 유망한 곳이었고 제안받은 월급이나 직무도 훨씬 좋았던 데다 교수님 추천이 있어 정직원으로 바로 채용되는 조건이었어요. 반면 태전에서의 인턴은 3개월 계약직이라서 남은 한 달 반이 지나면 그만둬야 할 수도 있던 상황이었죠. 면접을 마다할 이유가 전혀 없었어요.

그런데 망설여지는 거예요. 여기 일이 너무 재밌고 함께 일하는 분들이 좋았던 거죠. 그래도 교수님의 제안하신 조건과는 비교할 수가 없어서 한 10분 정도 고민했어요. 그러고는 '태전이다!'라고 결정했죠. 그다음부터는 뒤도 돌아보지 않고 업무에 집중했어요. 그 순간이 제 인생 최고의 선택이었던 것 같아요. 만약 그때 여기를 박차고 나갔으면 지금 제가 누리는 행복이 가능했을까요? 남편을 만나고 아이들을 낳고 가족과 함께하는 행복도 태전에 있었기에 가능했고, 가족보다 돈독한 상사, 동료들과의 관계도 우리 회사가 아니었다면 쉽지 않았을 거예요."

이 스토리를 마치기 전에 나도 꼭 하고 싶은 이야기가 있다. 문혜영 과장은 내가 20년 전에 전북대학교 경영학과에서 가르쳤던 제자다. 이 책을 쓰기 위해 여럿이 만나 이야기를 나누던 어느 날 저녁, 미팅을 마치고 문 과장이 차로 나를 연구실까지 데려다주었다. 차에서 막 내리려는데 문 과장이 말했다.

"교수님 기억하세요? 제가 수업에서 99점을 받았었는데 교수님이 그러셨어요. 교수님 수업에서 99점을 받은 학생은 제가 처음이라고요."

떡잎부터 알아본 학생이었음을 어찌 잊겠는가. 문 과장에게 태전이 행복의 원천이듯 태전에게도 문 과장이 값진 인재임은 내가 장담할 수 있다.

내가 회사를 사랑하는 이유

이 세상에서 가장 행복한 사람은
일하는 사람, 사랑하는 사람, 희망이 있는 사람이다.
- 에디슨

　태전그룹에 대한 책을 쓰기로 결정한 직후, 2023년 2학기 수업을 수강했던 전북대학교 경영대학원 창업경영학과 학생들에게 태전 직원들을 인터뷰하는 팀 프로젝트를 진행한 적이 있다. 그중 한 팀이 직원 인터뷰 결과를 공유하는 자리에서 다소 흥분한 어조로 말했다.

　"태전은 참 신기한 회사인 것 같아요. 저희 팀이 만난 직원 중에 진짜로 회사를 사랑한다고 말하는 사람이 있었어요! 제가 이 이야기를 친한 사람들에게 했더니 그 회사 주식이 지금 얼마냐고, 그런 회사 주식은 꼭 사야 한다고 하더라고요. 그런데 안타깝게도 태전은 아직 비상장 기업이라지 뭐예요?"

회사를 사랑한다고 공공연하게 이야기하는 그 주인공은 바로 티제이에이치씨의 병원사업팀에서 근무하는 박수경 차장이다. 소탈하지만 어딘가 비범해 보이는 그녀를 전주 사무실에서 만났다. 장장 4시간이 넘는 두 번에 걸친 인터뷰를 정리해 보니 그가 회사를 사랑하는 이유를 세 가지 측면으로 정리할 수 있었다. 사람들이 좋아서, 회사 전체의 분위기가 좋아서, 그리고 회사의 업무를 통해 내가 발전하고 있는 모습이 자랑스러워서.

"지난 30년간 참 많은 추억이 있었어요. 신혼 초였던 걸로 기억하는데요. 그해 회사 추석 선물이 유기농 야채 선물 세트였어요. 그때만 해도 유기농은 엄청 비싸서 평소에는 욕심을 낼 수가 없었어요. 그런데 그걸 추석 선물로 정한 이유가 따로 있었어요. 우리 회사에서 매달 직원에게 한 권씩 필독서를 나눠주는 것은 아시죠? 책 이름은 기억나지 않는데 어떤 농부 한 분이 유기농 채소 농법에 관해 쓴 책을 나눠준 적이 있어요. 그 농부가 직접 가꾼 채소를 지금의 오영석 회장님이 추석 선물로 하자고 했대요.

사내 커플이었던 저희는 유기농 채소를 두 박스 받게 되었죠. 쌈채소가 너무 많은 거예요. 그래서 고기를 구워 먹자며 친한 분들을 우리 집으로 초대했어요. 그런데 마침 그날이 재키스피닝이라는 사내동호회 활동이 있던 날이었고, 동호회 활동 후에 회원들이 오영석 회장님과 함께 우리 집으로 오게 되어 20명쯤 되는 사람들이 모였어요. 그때 우리 집이 24평이었으니 상상이 되죠? 넓지도 않은 공간에 그 많은 사람이 옹기종기 모였는데, 그냥 그게 좋은 거예요. 회사 사람들이 진짜 가족처럼 편한 회사는 아마 우리 회사밖에 없을걸요.

회장님을 통해 새로운 사람들과 어울리면서 세상에 대해 넓은 시야를 갖게 되고 자극을 받게 돼요. 회장님이 회사에 대한 비전에 대해 진솔하게 이야기하실 때가 있는데, 그 비전이 저희에게도 공유되는 것 같아요. 회사의 비전을 알게 되니 회장님이 시대보다 앞선 무언가를 시도할 때도 거부감이 없고요.

사실 10여 년 전에는 쌈 채소를 비싸게 사 먹는다는 건 상상도 못할 일이었는데요. 회장님은 앞으로는 시대가 바뀔 거라고, 아무리 비싸더라도 건강을 위해 유기농 채소를 구매하는 사람들이 생길 거고, 매일 아침 신선한 채소가 집 앞으로 배달이 되는 날이 올 거라고 말씀하셨어요. 그런데 지금은 그게 일상이 되었잖아요. 책을 통해 세상을 읽고 미래를 준비하는 분이라서 따르고 싶어요."

또 한 가지 그가 들려준 추억은 지금도 간직하고 있다는 1만 원짜리 빳빳한 신권에 얽힌 이야기였다. '진료는 의사에게 약은 약사에게'로 한창 들썩했던 의약분업이 있던 때의 일이다.

"소비자에겐 간단해 보이지만 의약분업은 의약품 도매업체에는 태풍처럼 엄청난 일이었어요. 의약분업 이전에는 병원 안에 조제실

이 있어 의사가 처방하는 전문의약품은 거의 병원에만 구비되어 있으면 되었어요. 그런데 그 처방에 의한 조제를 일반 약국이 해야 하니, 약국 입장에서는 병원에서 어떤 약을 처방할지 예측할 수 없고, 그러니까 그동안 구비한 약의 종류에 비해 몇 배에 달하는 약을 비치해 두어야 하는 상황이 되어버린 거죠. 어떤 환자가 처방전을 가지고 왔는데 그 약이 약국에 없으면 허탕 치는 거고 그다음부터는 그 약국에는 잘 안 가게 될 테니까요. 결과적으로 태전에 약국의 주문이 폭주했던 거죠.

그때 제가 담당했던 업무가 약국에서 들어온 주문을 컴퓨터에 입력하는 거였어요. 그때만 해도 약국에서 전화나 팩스로 주문하면 그 약국의 코드와 제품명, 수량 등을 컴퓨터에 직접 입력해야 했던 시절이죠. ERP 시스템도 없었어요. 제품 코드가 6자리였으니, 제품 한 개를 입력하려면 키보드를 6번 두들겨야 하는데 주문량이 갑자기 늘어나니 저희 입고 담당자들은 손목에 모두 파스를 붙이고 다녔죠. 야근은 매일 밥 먹듯 하고요.

이 이야기가 1만 원짜리 신권하고 무슨 상관이 있냐면, 지금은 명예 회장님이신 당시 오수웅 회장님께서 야근하고 늦게 퇴근하는 직원들을 하나하나 챙기면서 위험하니 버스 말고 꼭 택시 타고 가라며 빳빳한 신권으로 1만 원짜리 지폐를 한 장씩 손에 쥐여주신 거예요. 그때 1만 원이면 큰돈이었어요. 회사에서 집까지 택시비가 3~4천 원이면 충분했거든요.

명예 회장님과의 특별한 경험은 이뿐만이 아니에요. 제가 볼링

동호회를 했거든요. 퇴근 후에 활동하다 보니 두세 게임 정도만 해도 밥을 먹기에는 늦은 시간이라 문을 연 곳이 없어 거의 설렁탕집에 갔어요. 그날도 동호회 회원들과 설렁탕집에 갔는데 거기에 저희 명예 회장님과 사모님(약사님)이 계신 거예요. 막 지은 밥을 설렁탕과 함께 내주는 곳이었는데 두 분이 직접 밥을 퍼주고 계셨어요. 명예 회장님도 퇴근 후에 이 집에 가는 걸 좋아하셨는데 바쁠 때면 이렇게 일손까지 돕는 사이였더라고요. 우리 동호회 회원들의 밥도 손수 퍼주시고 추가로 음식도 시켜주시고 계산까지 다 해주신 기억이 나요. 사실 회사에서 동호회 활동비가 나오니 회장님이 굳이 사주실 필요는 없는데 저희를 진심으로 아끼고 존중하고 있다는 걸 느낄 수 있었죠. '따로 만나 밥 사주기도 어려운데 이렇게 만나 정말 잘 됐네!' 하시는 말씀에 진정성을 느낀 사람이 저만은 아닐 거예요."

명예 회장님은 회사에서 직원들과 마주치면 '오늘 무슨 좋은 일 있어? 왜 이렇게 웃어?', '잘 지내고 있지?' 하며 직원에게 먼저 안부 인사를 건네곤 했다고 한다. 박 차장이 신입사원일 때라 잘 모르는 직원이었을 텐데도 항상 먼저 인사를 건네고 안부를 물어봐 줘서 늘 따뜻한 마음으로 일할 수 있었다고 고백했다.

여기까지가 박 차장이 회사를 사랑하는 '사람들이 좋은 것'에 대한 설명이었다. 그런데 '사람들이 좋은 것'과 '회사의 분위기가 좋은 것'은 비슷한 듯하면서도 분명 다른 점이 있을 것이다.

"130명이나 되는 직원과 모두 친하게 지낼 수는 없잖아요. 하루의 대부분을 보내는 업무 시간에 회사 분위기가 별로였다면 제가 이토록 회사를 사랑한다고 이야기하지는 않았을 거예요. 말 그대로 우리 회사에는 존중과 배려의 분위기가 있어요. 제 생각에 윗분이 직원에게 함부로 말을 하지 않는 것이 그런 분위기를 만드는 것 같고요. 어떤 업무를 지시할 때 '우리 회사에 박 대리가 있다는 게 얼마나 다행인지 몰라, 고마워.' 하시거든요. 당신 없어도 회사는 다 돌아가게 되어 있다는 식으로는 절대 이야기하지 않아요.

이런 분위기는 어느 날 모든 직원을 강당에 모아놓고 유명 강사를 초빙해서 교육한다고 되는 일이 아니예요. 화장실이나 회의실에 '고운 말을 씁시다' 같은 표어를 붙여놓는다고 되는 일도 아니고요. 우리 회사 직원들은 다른 부서에서 협조 요청이 들어왔을 때 귀찮다고 생각하지 않아요. 그보다는 '나만 할 수 있는 일이니까 얼른 도와줘야겠다'고 생각하죠. 서로 도와주고 격려하고 칭찬하다 보니 모두가 자존감이 높아지는 그런 분위기예요."

요즘 뉴스를 보면 직장 내 왕따가 사회 문제로 자주 나온다. 그런데 박수경 차장은 태전에는 그런 게 전혀 없다고 했다. 개인의 장점을 살려 일할 수 있도록 업무를 조정해 주거나 교육을 통해 성장할 수 있도록 직원 한 사람 한 사람을 진짜 소중하게 여기기 때문이다. 영업 분야로 채용했는데 맞지 않는다면 다른 부서에서 일할 기회를 주는 것이다.

"경영 효율성을 생각하면 부서 이동은 쉬운 것이 아니지만 우리 회사는 직원들 개개인의 삶이 더 중요하게 여기더라고요."

앞서 박 차장은 회사를 사랑하는 세 번째 이유를 회사 생활을 통해 개인이 발전하는 느낌 때문이라고 했다. 그 경험을 구체적으로 묻자 지금까지 이야기할 때와는 달리 사뭇 머뭇거렸다.

"이건 제 개인적인 부분이긴 한데요. 사실 저는 상업고등학교를 나와서 졸업하자마자 태전에 입사했어요. 회사 다니면서 야간대학교에 진학해서 졸업했고 그 뒤에 방송통신대학교에도 다녔지만요. 그런데 지나놓고 보니 학력보다 더 중요한 게 업무를 통해 제가 발전하고 있는 모습이더라고요.

입사해서 얼마 되지 않았을 때 지금은 회장님이신 오영석 대리님이 '대한약사통신'이라고 통신망 판매를 시작했어요. 하이텔 파란 화면에 약사님이 주문을 하면 그걸 모아 A4 용지에 출력해서 손으로 단가를 적어 주문서를 발행하는 거예요. 그걸 가지고 물류센터에 가서 직접 포장하고 택배로 보내는 방식이었어요.

당시에는 전화로 약을 주문하는 게 당연했고 조금 더 개선된 방법이라면 팩스로 주문서를 보내는 방식이 전부였어요. 판매 시장도 차로 배송 가능한 전라북도 근처로 한정되어 있었고요. 이런 상황에서 통신망 판매를 도입하겠다고 하니 모두가 낯설어했죠. 게다가 처음에는 하루에 주문이 3~4건밖에 들어오지 않았어요. 이 방식을 도입하기 위해 3명의 인력을 배치했는데 매출 금액이 나오지 않으니 회사 입장에서는 엄청난 손해였어요. 그랬던 통신망 판매가 성장에 성장을 거듭해 이제는 약사 전용 시스템을 통해 빠르고 편리하게 약품의 주문과 판매가 이루어지고 있어요. 우리 회사는 초창기부터 시작한 덕분에 약품 통신몰의 중심이 될 수 있었고, 이제는 통신몰을 개설하려는 업체들이 찾아와 도와달라고 할 정도예요. 특히 전산도 자체적으로 개발해서 쓰다 보니 상품별 정보도 데이터화가 쉽고, 판매 환경도 필요에 따라 업데이트할 수 있어 발전 속도가 빨랐죠."

회사에 들어온 지 얼마 되지 않아 통신 판매의 주역이 되는 과정을 지켜볼 수 있었던 것은 새로운 영역에 대한 도전과 성취감을 주는 경험이었다고 한다. 그가 업무를 통해 성장하고 있다는 걸 느낀건 이뿐만이 아니라고.

"태전이 평택에 티제이팜이라는 회사를 설립한 직후 저와 태전에 근무했던 여러 직원이 근무지를 그곳으로 옮겼어요. 당시 태전약품은 전라도에서는 입지가 확고했지만 티제이팜은 거의 맨땅에 헤딩하는 격이었죠. 저는 막 사내 연애를 시작했던 때였지만 회사 일이 먼저라고 생각했어요. 거리가 멀어 어쩌면 헤어질 수도 있겠다고 염려했지만 나에게는 도전이고 회사를 위한 일이니 기꺼이 해야겠다는 각오였죠.
그런데 막상 올라오니 모든 게 낯설었어요. 회사 근처에 원룸을

숙소로 잡아주었는데 잠을 이룰 수 없을 만큼 옆방 소리가 들리는 거예요. 무서워서 막 울었어요. 다음 날 부장님께 말씀드렸더니 며칠 있다가 방을 옮겨주셨어요. 그즈음 밤에 남자 친구와 전화를 많이 하면서 무서움을 달랬죠. 결혼으로 골인하는 데 그때 통화들이 기여한 것 같아요.

어쨌든 티제이팜에서 일하면서 태전에서는 당연했던 일들이 통하지 않는 일들이 계속 생겼어요. 예를 들어 태전은 60년이 넘은 회사였고 제약사들과 거래 관계가 탄탄했으니 제약사로부터 약을 공급받는 것이 어렵지 않았는데, 수도권 지역에 새로 생긴 티제이팜은 그렇지 않았어요. 제약사들에게는 아직 검증되지 않은 회사였던 거죠.

직원들의 정서도 많이 달랐어요. 수도권에는 취업의 기회가 많다 보니 티제이팜 직원들은 태전 직원처럼 애사심이 깊지 않더라고요. 지금은 많이 달라졌지만 초창기에는 임금을 좀 더 주겠다고 하면 미련 없이 떠나버린 직원들이 많아요. 이런저런 경험이 저에게는 시야를 넓히고 사고의 깊이와 폭을 확장하는 엄청난 학습의 기회가 되었죠."

박 차장은 2011년 마케팅팀으로 배치되었을 때의 일도 들려주었다. 막상 마케팅팀에 가보니 자기만 빼고 대학에서 경영학을 전공하거나 부전공으로라도 마케팅을 배운 이들이라 주눅이 들었다고. 하지만 곧 생각을 바꾸기로 마음먹었다고 한다.

"저는 그 친구들보다 회사를 오래 다닌 만큼 현장에서 쌓은 지식이 더 많으니까요. 약국이나 물류에 대해 잘 알고 있었기 때문에 저는 그 친구들의 부족한 부분을 리드해갈 수 있었어요. PB 제품을 개발할 때도 약사님이나 소비자를 상대하며 쌓았던 경험적 지식에 인터넷이나 CF를 분석하면서 현장의 지식을 새롭게 쌓는 노력을 더 해 저를 꾸준히 발전시켜 나갔어요.

이제는 마케팅 분야에서만큼은 누구보다 많이 알고 있다고 자부해요. 지금도 새로운 것에 도전하고 공부하는 것을 게을리하지 않고 있고요. 최근 회사에서 MS 365 프로그램을 도입했는데 '나는 몰라. 안 할래' 하면 스스로 뒤처지고 자기 역량을 그만큼밖에 안 된다고 인정하는 게 되잖아요? 그래서 저는 적극적으로 배우고 사용해 보면서 마케팅과 연결할 방법을 구상해 보곤 합니다. 카카오페이도 마찬가지예요. 처음 나왔을 때부터 부지런히 사용해 보면서 빠르게 변하는 현장에 계속 적응해 나가고 있어요."

일을 통해 발전해 나간다는 박 차장은 이를 느낄 때마다 자부심과 보람을 동시에 느낀다고 했다. 일을 할수록 자기 분야에서만큼은 최고라는 자신감이 쌓이는 것은 당연했다.

"제가 일을 잘 해낼수록 회사가 함께 성장하고 있어 기쁩니다. 이것이 제가 회사를 사랑할 수밖에 없는 이유예요."

공부가 제일 쉬웠어요

성공한 사람이 되려고 노력하기보다
가치 있는 사람이 되려고 노력하라.
- 알버트 아인슈타인

"부사장님은 공부 많이 하시기로 사내에서 소문이 자자하던데요. 공부가 제일 쉬웠다고요?"

환갑을 넘은 중년 신사이지만 공부 이야기를 시작하는 최 부사장의 미소 머금은 얼굴은 향학열에 불타는 청년 같았다. 그에게 공부하는 이유와 좋은 점에 대해 들어보는 시간을 가졌다.

"저는 가난한 농부의 아들로 태어나서 전주상고를 다녔어요. 입사하고 나서 15년이 지난 후 야간 전문대학을 졸업한 게 학력의 전부입니다. 하지만 저는 제 전문 분야에서만큼은 자신이 있어요. 일하는 분야에서 알고 싶은 것도 많고 관심이 생기면 끝까지 공부해서 알아냅니다. 공부한 것들을 경험으로 확인하는 과정에서 배우기도 하고 그렇게 시간이 쌓이고 나니 자존감이라고 해야 할까요? 누구에게도 꿀리지 않게 되었죠."

공부한 내용을 활용해 회사에서 필요로 하는 업무를 성공적으로 처리해 냈을 때의 성취감과 보람은 경험해 본 사람만 느낄 수 있는 짜릿함일 것이다. 그에게 구체적인 예를 물었다.

"최근의 예를 들자면, 저희 태전그룹이 작년에 전남 장성에 물류센터를 멋지게 지어 광주태전을 독립법인으로 출가시키지 않았습니까? 독립 법인을 세운 경험도 없고 전문 지식도 부족하다 보니 외부 전문가를 모셔다가 법, 행정, 건축, 자재, 시스템 등 많은 것을 배웠어요. 물론 저도 채권 관리나 부동산 업무를 책임지고 있었기 때문에 문외한은 아니었지만 1,600평이나 되는 대지 위에 물류센터를 신축하는 과정에는 제가 모르는 수많은 것이 있었죠. 전문가의 도움이 절실하더라고요. 하지만 이번 전주 물류센터 신축은 제가 책임질 생각입니다. 2001년 오픈했을 때는 우리에게 이렇게 큰 건물이 과연 필요할까 했던 전주 물류센터가 이제는 포화 상태라서 신축을 계획하고 있거든요. 얼마 전에 전주시의 타당성 심사를 통과했고요. 광주태전 때 배운 바가 있기 때문에 저도 이제는 자신이 있어요."

이처럼 공부한 지식이 일하는 즐거움으로 돌아오고, 이 즐거움이 회사의 이익이 되어 회사가 성장하게 되고, 성장하는 회사이기 때문에 배움의 기회가 더 많이 생기는 선순환이 이루어지니 배우는 게 재미있을 수밖에 없을 것이다. 이번에는 좀 더 오래된 경험은 어떤 것이 있는지 들려달라고 했다.

"제가 군대에서 제대하자마자 입사했으니 정말 오래전 일인데요. 태전에 처음으로 IBM 컴퓨터가 들어왔을 때였는데 컴퓨터 운영요원으로 제가 선발되었어요. 회사 업무를 전산화하기 위한 전산 프로그램을 개발하는 업무에 투입되었죠. 외부 전문업체가 회사에 들어와서 작업했는데 회사 직원은 고작 저 혼자서 그 업무를 도왔죠. 그러다 보니 어려움이 많았어요. 전산 개발에는 각종 업무 담당자의 의견과 아이디어가 필요한데, 낮에는 본연의 업무를 하느라 전산 개발을 위한 각종 회의나 인터뷰는 퇴근 시간 이후에나 이루어졌거든요. 인터뷰 결과를 모두 정리하고 다음 날 해야 할 일들을 준비하다 보면 새벽 2~3시가 넘는 건 기본이었어요. 그때 회사 경비 아저씨가 저를 제일 싫어하셨죠. 제가 사무실 불을 꺼야 그분도 문단속을 하고 쉴 수 있는데 저 때문에 쉬지를 못하니 저만 보면 그만하고 퇴근하라고 하셨어요."

어려움은 있었지만 그 업무를 맡아 하면서 최 부사장은 거의 모든 업무의 흐름을 알게 되었다고 한다. 업무를 전산화하려면 그 업무를 왜 하는지, 누가 처리하고 결제하는지, 얼마나 걸리는지, 전후

공정은 무엇인지, 프로세스를 어떻게 바꿔야 업무 효율이 향상될 수 있는지, 업무가 성공적으로 수행되려면 어느 부서가 협력해야 하는지 등등 일일이 열거하기 어려운 수많은 내용을 정확하게 이해해야 한다. 그래야 전산 개발의 로직을 짤 수 있기 때문이다. 전산 프로그램 개발은 신입사원이었던 그가 회사에 대해 배울 수 있었던 중요한 경험이었을 테다.

"그뿐 아니라 오수웅 회장님은 저를 IBM사가 직영하는 광주의 전산전문 학원에도 보내주셨어요. 회사에서 구입한 컴퓨터가 당시 돈으로 1억 원이 넘는 IBM 컴퓨터였는데 그 컴퓨터를 활용하기 위해 저를 6개월간 교육받게 한 거죠. 학원비는 물론 광주에서 하숙하며 학원에 다니라고 하숙비까지 내줬어요. 경리부 중간 책임자가 퇴사하는 바람에 4개월 다니다가 전주로 돌아오긴 했지만 컴퓨터를 배울 수 있었던 소중한 기회였죠. 돌아오자 주임이었던 저를 경리팀장으로 승진시키셨어요. 책임도 커지고 배운 것도 많아졌으니 회사 일을 더 잘하게 된 건 당연한 결과가 아닐까 싶네요."

최 부사장의 스토리를 통해 직장인이 어떻게 일을 통해 성장할 수 있는지를 이해할 수 있었다. 그에게 그동안 받았던 교육 프로그램 중 특별히 기억나는 것이 있는지를 물었다.

"많은 기억이 있지만 지금 생각해도 저 자신이 대견한 일이 있어요. 아까 잠깐 말했지만 제가 입사하고 15년이 지난 다음에야 대학을 졸업했거든요. 낮에는 회사에서 일하고 야간 대학에 다닌 건데 졸업식 때 제가 개근상을 받았어요. 성적도 좋았고 과대표도 했지만 저 자신을 칭찬해 주고 싶은 것은 단연 개근상입니다. 그때 태전의 싱크탱크인 오엔케이라는 회사가 처음 만들어져서 출장을 자주 가야 했는데, 그 사무실이 방배동에 있었어요. 회의가 길어지면 저는 속으로 애가 탔죠. 끝나자마자 그야말로 총알택시처럼 최대한 빨리 내려왔어요. 단 하루도 빠지지 않아야 개근상을 받는 것은 교수님도 아시죠?"

대학 개근상이라니 정말 대단한 향학열이다. 최 부사장이 이런저런 교육을 받을 수 있던 계기는 무엇이었을까? 비용도 만만치 않았을 텐데 말이다. 그에게 배움을 지속할 수 있었던 원동력을 물었다.

"두 가지인데 그중 하나는 제 아내의 공이 큽니다. 아내도 결혼 전에 우리 회사에 같이 근무했는데, 여직원은 결혼하면 퇴사하는 것이 사회 통념이었던 때라 회사를 그만두었죠. 아내는 늘 제가 그냥 회사 일만 하기엔 아깝다고 했어요. '당신은 머리가 좋아. 그냥 놀려 두긴 아까워. 집안 형편이 조금만 좋았더라면 유학도 가고 박사학위도 받고 교수했으면 딱 맞는 사람인데.' 하며 치켜세우기도 하고, 술자리 그만 가고 공부하라며 훈계도 많이 했죠. 돌이켜 생각해 보면 감사한 일이에요.

또 다른 원동력은 회사의 공입니다. 특히 오수웅 회장님께서 전폭적으로 지원해 주셨어요. 말이 쉽지, 그 당시 회사 매출이 100억 원도 안 되는데 6개월간 전주도 아니고 하숙비 다 대주면서 광주에서 교육받게 한 거잖아요. 최고 수준이었던 IBM사의 교육을 받으면서 저는 컴퓨터 전문가가 되었어요. 그 뒤로도 수없이 교육에 참여했지만 단 한 번도 일은 안 하고 무슨 교육이냐 하는 식의 말은 들어본 적이 없어요. 회장님은 언제나 변화하는 세상에서 부지런히 배우라고, 공부하고 싶은 사람에게는 얼마든지 기회도 주고 투자하겠다고 말씀하셨어요. 사실 우리 회사에는 저 같은 직원이 정말 많아요.”

가정은 정신적 지주, 회사는 물질적 지주였던 셈이다. 나는 원래 학력이나 학벌을 중요하게 생각하지 않는다. 그렇기 때문에 고졸 출신에 늦깎이 전문대 졸업생이 회사 부사장까지 올라갔다는 식의 감탄은 조금도 할 생각이 없다. 그보다는 직장에 다니며 야간 대학에서 개근상을 받은, 그야말로 공부가 제일 쉬웠다고 하는 최 부사장이 대단하다는 생각이 들었다. 내조한 아내도 훌륭하고, 무엇보다 넉넉지 않은 형편의 작은 회사였지만 인재에 대한 투자를 전폭적으로 했던 태전약품의 오수웅 회장님이 존경스러웠다. ‘누구나 열심히 하면 회사가 책임질 테니 열심히 공부해서 세상을 이끌어가자’라는 마인드가 태전그룹의 오늘을 만들어냈다고 생각한다. 태전그룹의 내일이 더 기대되는 것은 비단 나뿐만이 아니리라.

23년간 모든 반찬을
직접 만들었어요

친절한 말 한마디는 짧고 하기 쉽지만, 그 울림은 끝이 없다.
- 마더 테레사

"그게 정말이세요?"

"네."

"모든 반찬을 손수 요리하셨다고요?"

"네."

"23년간을요?"

"네."

23년간 태전의 식탁을 책임진 사람이 있다. '태전의 밥심'이라며 직원들이 유인규 사장을 꼭 인터뷰해야 한다고 했던 이유를 1시간가량 대화하면서 이해할 수 있었다. (그들은 유인규 사장을 이모님이라고 부른다.)

"여기는 직원 식당이잖아요. 일반 식당은 메뉴는 똑같고 손님이 바뀌지만 이곳은 다르죠. 손님이 1년 365일 같은 사람들이에요. 그러니까 매일 반찬이 바뀌지 않으면 직원들이 금방 질려해요."

"저도 대여섯 번 식당에서 밥을 먹었는데 진짜 맛있더라고요. 요리 솜씨가 보통이 아니던데요."

"그렇게 이야기해 주시니 기분이 좋네요. 그런데 하루에 100명 넘게 먹는 식당에서 솜씨를 발휘하는 건 쉽지 않아요. 요리 솜씨보단 식재료가 신선해야 하죠. 그래서 저는 매일 아침 시장을 봐요."

"매일 아침 직접 장을 본다고요?"

"코로나 이전에는 새벽 4시에 여는 도깨비시장에도 갔는데 지금은 전주 농산물 도매시장에 주로 가요. 아침 7시경에 가면 경매 끝나고 좀 한가하거든요. 거기서 장 봐서 회사 식당 앞 전용 주차 공간에 주차하고 식당으로 식재료를 옮기죠. 그런 다음 제일 먼저 하는 일은 육수를 만드는 일이에요."

"그 일을 가장 먼저 하는 이유가 있나요? 식당은 대부분 인공 조미료로 맛을 내잖아요."

"조미료는 거의 안 써요. 직원들 고향이 대부분 전라도잖아요. 엄마가 해준 음식을 먹고 자란 사람들이어서 조미료 들어간 맛을 귀신같이 알아요. 저도 싫어하기도 하고요. 육수가 있으면 여러 가지로 안심이 돼요. 어묵 볶을 때도 육수를 넣고, 매일 오후에 제공하는 물류팀 직원들의 간식에도 많이 써요. 간식은 주로 월요일엔 멸

치국수, 화요일엔 꼬치 어묵, 수요일과 금요일엔 라면, 목요일엔 왕만두 이런 리듬이에요. 멸치국수와 꼬치 어묵에는 제가 우려낸 육수가 최고죠."

"그런데 23년간 단 하루도 빠지지 않으셨다는 건 좀 믿기 힘들어요."

"비가 오나 눈이 오나 단 하루도 안 빠졌어요. 어쩌다 몸이 안 좋으면 장 봐온 걸 식당에 옮겨놓고 차에서 좀 쉬기는 했죠. 그런 날은 저를 도와주는 언니에게 많이 의존했어요. 어쨌든 23년간 무결근이에요."

"야유회나 체육대회 같은 행사 때는요? 그때도 음식을 준비하신 건가요?"

"아니요. 그날은 저도 손님이죠. 직원들이 '이모님도 같이 가세요' 하면 가기도 하고 힘들면 사양하기도 하고요."

"진짜 가족적이네요."

"아니요. 그냥 가족이에요. 가족적인 게 아니라."

"그래서 직원들이 이모님이라고 부르는군요."

"그렇겠죠? 저도 직원들에게 '아가, 밥 먹어. 많이 먹어.' 이렇게 말해요."

"저도 들었던 것 같아요. 그냥 편하게 말씀하시더라고요."

"정말 아들딸 같아요. 반찬을 덜어갈 때 너무 많이 가져가는 것 같으면 '아가, 너만 그렇게 많이 가져가면 어떡하니? 뒤에 오는 사람도 먹어야 할 것 아니니?' 이렇게 핀잔을 주기도 하는데, 워낙 친하다 보니 무안해하거나 화를 내지 않아요. 어떤 말을 해도 뒤끝이 없죠. 반찬이 떨어졌는데 제가 바빠 보이면 직원들이 그냥 주방에 들어와서 배식대에 보충해 주기도 해요. 가끔 여기서 안 먹고 바깥에 나가서 점심을 먹고 오는 직원도 있어요. 그런데 그걸 보면 잔소리하게 되더라고요. 젊은 친구들이니 회사 식당 밥보다 밖에서 먹고 싶을 때도 있다는 건 알지만 그런 직원을 보게 되면 '아그들아, 그런 건 이따 저녁 때 나가서 먹으면 되지 않니? 점심은 회사에서 주는 거잖아. 돈 아껴야지.' 하고 한마디 하게 돼요. 제 아들딸도 서울에서 직장생활을 하는데 월급으로 방세 내고 밥 사 먹고 하니까 돈을 잘 못 모으더라고요."

"직원들도 그런 이모님 마음을 알 거예요. 그런데 23년을 해오셨으면 오수웅 회장님 시절에도 계셨던 거네요?"

"그럼요. 오 회장님은 저를 유 여사님이라고 부르셨어요. 단골 멘트가 '유 여사님, 어여 치우고 집에 가세요'였죠. 기분 좋으신 날에는 식당에 오셔서 '옛날 노래 한 자리 불러줄까요?' 하며 노래도 불러주셨어요. 노래 실력이 장난 아니셨거든요. 저희가 약사님이라 부르는 사모님은 식사 시작 전에 꼭 들르셔서 반찬 맛을 보셨어요. 제가 장난삼아 약사님은 요리는 할 줄도 모르면서 입맛 까다롭기는 청와대 수준이라고 놀리기도 했죠. 그러면 사모님은 '남자 직원이 많으니까 맛을 잘 몰라서 내가 미리 봐주는 거야' 하셨어요. 제게는 큰 언니 같은 분이세요. 이렇게 살다 보니 23년이 훌쩍 흘렀네요. 저 이만 일어날게요."

MZ 세대인
저희도 회사가 참 좋아요

존중은 상대방을 더 중요하게 여기는 마음의 표현입니다.

- 크리스티나 무레

태전그룹의 MZ 세대는 어떤 마음으로 일을 하고 있을까? A대리와 B사원은 같이, C사원은 따로 만났다. 오래된 조직이 갖고 있는 고리타분한(?) 조직문화 때문에 힘들어하고 있을 수 있다는 기우는 완전히 빗나갔다. 내가 만난 셋은 오히려 태전이 MZ 세대들이 좋아하는 회사라면서 그 이유를 솔직하게 말해주었다.

"우리 회사 팀장님들은 연차나 반차 등 휴가를 쓸 때 이유를 묻지 않아요."(C사원)

이들은 휴가를 자유롭게 쓸 수 있다는 걸 태전을 좋아하는 이유로 꼽았다. C사원은 얼마 전 몸살 기운이 느껴져 매달 처리해야 하는 중요한 업무를 앞두고 휴가를 썼다. 그 업무의 마감 시한이 이틀 밖에 남지 않아 걱정될 법도 했지만 팀장은 이유를 묻지 않았다고 했다. 이런저런 이유를 대지 않아도 자유롭게 연차를 사용할 수 있는 분위기가 형성되어 있는 것이다. 세 사람 모두 월차나 반차 휴가를 신청해서 거절당해 본 기억이 없다고 했다.

"이게 얼마나 직장인들의 스트레스를 줄여주는데요? 휴가 쓰는 이유를 물으면 사생활을 침해당하는 것 같거든요. 우리 회사는 안 그래서 너무 좋아요. 그리고 우리 사무실이 홍대입구역 가까이 있다 보니 점심시간이 되면 어느 식당에 가든 줄을 서서 기다려야 해요. 그래서 조금 일찍 나가는 편인데 누구도 눈치를 주지 않아요. 조금 늦게 들어와도 '왜 이렇게 늦었냐?'가 아니라 '어디 가서 뭐 먹었냐? 맛있었냐? 나도 한번 가봐야겠다.' 이런 반응이시죠."(B사원)

자율적 야근 외에는 '정시 퇴근'을 지향하는 점도 이들이 회사를 좋아하는 이유였다. B사원과 C사원은 한 번도 정시 퇴근을 하지 않은 적이 없었다고 잘라 말한다. C사원 말에 따르면 회사 사무실에 있는 모든 전등과 컴퓨터가 퇴근 시간이 되면 자동으로 꺼진다고 했다.

"저희 팀장님도 칼퇴근하시고요. 부사장님은 퇴근 후에 남으실 때도 있지만 '여러분은 일찍 퇴근하세요.' 하고 여러 번 말씀하세요. 회장님은 정시 퇴근의 모범생이시고요." (C사원)

"저희 팀도 그래요. 회장님께서 제일 먼저 나가시니 이사님도 팀장님도 눈치 볼 필요가 없으신 것 같더라고요. 그러니까 저희 막내도 당연히 정시에 퇴근할 수가 있죠." (B사원)

이들은 직장 동료 간의 관계가 좋은 것도 회사를 좋아하는 이유로 꼽았다.

"여기 들어오기 전에 다녔던 회사에 비해 사람들 간의 관계가 너무 좋아요. 회사 생활이 어려운 건 업무 때문이라기보다는 관계 때문일 때가 많잖아요. 그런데 태전은 사람 때문에 힘들다고 느낀 적이 없어요. 업무상 어려움이 있다고 하면 바로 도와주고 해결해 주는 분위기예요." (A대리)

"저도 비슷한 의견인데요. 전에 근무하던 회사에서는 업무를 분배하는 회의를 하다 보면 꼭 한두 사람이 싫은 티를 냈거든요. 그런데 태전에는 그런 사람이 없어요. 그러니까 '회의가 불편하다'는 생각이 안 드는 거죠. 저희 팀장님은 언제나 자기가 이걸 할 테니 나머지는 나눠서 해달라고 하세요. 팀장님이 제일 어려운 일을 하겠다고 하니 나머지 팀원들은 불만이 생길 수가 없죠. 자연스레 팀장님을 따라 열심히 일하게 되고 업무 효율성이 높아질 수밖에요. 닷새는 걸리겠다고 생각했던 일을 이틀 만에 끝낸 적도 있어요. 그리고 우리 회사는 막내도 존대받는 느낌이 들게 해요. 직함이 없는 경우에도 꼭 '○○씨'라고 부르죠. 부서 회식 날짜를 잡을 때도 항상 저희 스케줄을 먼저 물어보시고요." (B사원)

이렇게 해서 내가 가졌던 기우는 글자 그대로 기우에 불과했음이 증명된 셈이다.

태전그룹은 이런 게 달라요

이 책에 담길 내용에 대해 직원들과 여러 차례 브레인스토밍을 하면서 나왔던 아이디어 중 가장 많은 호응을 얻었던 아이디어가 바로 이 주제다.

"다른 회사에 다닌 경험이 있는 직원들은 태전의 어떤 면을 좋다고 느낄까?"

회의에 참여했던 직원 중 학교 졸업하자마자 태전에 들어온 이들은 회사가 좋아 이직할 생각은 해보지도 않았다고 했다. 그런 그들에게도 궁금한 점이 있었다. 타 회사 경험이 있는 이들도 과연 우리처럼 태전그룹을 좋아할까? 우리가 느끼는 이 만족감과 행복감이 우물 안 개구리가 느끼는 자아도취에 불과한 건 아닌가? 태전은 진짜 좋은 회사인가? 그들의 의문은 꼬리에 꼬리를 물었다.

나는 그날 회의 참가자들의 진정성을 진하게 경험했다. 그들의 관심은 회사의 자랑거리를 찾는 데 있지 않았다. 그보다는 그들이 느끼는 회사의 좋은 점을 더욱 명확하게 하여 조직문화로 정착시키고 싶어 했다. 그런 그들의 소망을 위해 연구자로서 도움을 주고 싶었다. 어떤 방법이 있을까?

주장의 객관성을 위해서는 데이터가 필요하다. 태전그룹의 조직문화가 다른 회사보다 수평적이고 민주적이라는 증거, 수평적 조직문화가 조직성과에 미치는 영향에 관한 증거, 태전의 전산 시스템이 다른 도매업체보다 좋다는 객관적 증거, 전산 시스템의 우월성이 직원들의 업무 시간 단축에 미치는 영향에 관한 증거 등. 30여 년을 이런 논문들과 씨름해 온 나의 뇌리에 많은 생각이 오갔다.

그러나 이런 증거들은 논문의 소재는 될 수 있을지 몰라도 이 책의 목적은 아니었다. 그래서 계량적인 방법을 통한 증명이 아니라 우리 안에 담긴 경험에서 증거를 찾자고 제안했다. 살아있는 이야기를 통해 후배에게 물려주고 싶은 태전그룹의 가치가 마음으로 전달될 수 있도록 말이다. 그날 회의에 참석했던 직원들은 다행히 내 의견에 찬성해 주었다.

일단 나는 이 책을 쓰기 위해 인터뷰했던 이들 가운데 다른 회사에 다닌 적이 있는 직원을 골랐다. 그리고 그들이 이야기한 내용을 인간관계와 관련한 측면과, 업무와 관련한 측면으로 나누었다.

이들의 이야기를 정리해 보니 인간관계 측면에서 본인이 경험했던 회사와 태전그룹 간의 차이는 다음과 같았다.

"우리 회사 상사들은 인신공격적인 발언, 예를 들어 '너 학교 어디 나왔어? 지금 제정신으로 일을 처리하는 거야.' 이런 식의 말씀을 안 하세요. 전에 있던 회사에서는 이런 이야기를 들을 때마다 얼른 이 회사를 떠나야겠다고 생각했어요."(윤형준 과장)

"우리 회사 팀장님들은 휴가 쓸 때 이유를 묻지 않으세요. 전에 다니던 회사에선…."(MZ 트리오)

"우리 회사에서 근무하다가 급여가 높은 다른 회사로 갔던 직원이 다시 온 거예요. 왜 왔냐고 물으니 그 회사에서는 나이나 직급이 낮은 사람에게 반말을 쓰는데 우리 회사에선 서로 합의가 되기 전에는 절대 반말을 쓰지 않으니까 그게 좋아서 다시 왔다고 하더라고요."(최용석 부장)

"우리 회사는 회식 분위기가 자유로워서 좋아요. 전에 다니던 회사는 강요하는 느낌이 있어 거부감이 있었거든요. 그런데 우리 회사는 볼링을 치든 술을 마시든 즐겁고 재미있어요."(윤형준 과장)

"태전에 와서 놀랐던 건 회사 행사에 가족들이 같이 오는 거였어요. 야유회나 체육대회를 하면 윗분들이 먼저 가족과 함께 오셨어요. 그러면서 직원들도 가족과 같이 오고 싶은 사람은 얼마든지 그러라고 환영하는 분위기를 만드는 거예요. 야유회에서 만나면 같이 밥도 먹고 게임도 하면서 어울리게 되잖아요. 이런 행사를 몇 번 하고 나면 직원 가족끼리도 서로 친해져 모두가 한 가족처럼 느껴져요. 태전약품에 입사하기 전에 세 회사에 다녔는데 이런 분위기는 경험해 보지 못했어요."(장교현 부장)

"최근에 다른 회사에서 근무하다가 우리 회사로 오신 분이 있거든요. 얼마 지나지 않아 그 회사에서 같이 근무했던 친구라고 추천해서 우리 회사에 입사하게 된 분이 있어요. 그분이 회사 분위기가 너무 좋다면서 뽑아줘서 고맙다고 하더라고요."(박현숙 대리)

이번에는 다른 회사에 다녀본 경험이 있는 직원들의 업무 측면에 관한 증언을 모아보았다.

"태전그룹은 정시에 퇴근하는 문화를 성공적으로 정착시켰다고 생각해요. 업무의 효율성은 회사에 오래 앉아 있다고 높아지는 건 아니잖아요. 업무 분배나 시스템 관리의 선진화를 통해 업무량을 줄이고 휴식하게 하면 오히려 업무 효율성이 높아지더라고요."(장교현 부장)

"다른 회사보다 정시에 퇴근하기가 쉬웠어요. 윗분들이 모범을 보였기 때문에 저희도 마음 편히 칼퇴근을 할 수 있었어요."(MZ 트리오)

"업무 배분을 위해 회의를 할 때도 우리 회사는 민주적인 것 같아요. 위에서 지시하는 것이 아니라 팀장님이 먼저 어려운 일을 하겠다고 하고, 그다음 팀원이 하고 싶은 일을 선택하도록 해요. 의견을 먼저 물으니까 서로 어려운 일을 자청하는 것 같아요."(MZ 트리오)

"여러 제약사를 경험해 보았지만 우리 회사에서처럼 모든 사람의 발언이 자유롭게 오가는 회의는 보기 드뭅니다. 회장님이 발언을 독차지하는 회의와는 정말 다르죠."(정형철 이사)

"자체 전산 시스템 덕분에 전에 근무했던 회사에서는 꿈도 꿀 수 없던 전산 프로그램 변경이 가능해서 편하게 일하고 있어요."(허옥선 주임)

"지입 기사인 우리도 티제이팜이랑 일하는 게 편해요. 약국별로 상자에 포장해 주니 여러 번 손이 가는 다른 회사의 배송 작업에 비하면 고마운 일이죠."(한공열 반장)

"전에 있던 회사에서는 회장님이 출근할 때 운전기사분이 회장실에 전화를 해요. 지금부터 3분 후에 회장님이 정문을 통과하실 예정이라고요. 그러면 비서가 정문 인터폰으로 연락해서 수위분이 차단기를 올리고 앞에 나가 거수경례를 했어요. 그런데 하루는 이 비서분이 그 시간에 화장실에 갔나 봐요. 연락이 늦다 보니 차단기 올리기와 거수경례 의식을 그날은 못 치렀어요. 회장님 차는 차단기 앞에서 기다려야 했죠. 그 후 일주일쯤 그 비서가 회사를 그만두었다고 해요. 그런데 우리 오경석 부회장님은 출근하실 때 카페에 들러 직접 커피를 사 오세요. 가끔은 제 것도 같이요." (오경석 부회장 비서 공소현 대리)

이 모든 이야기에 담긴 태전그룹의 장점은 오영석 회장을 비롯한 현재의 사장단, 그들에게 경영자의 자세와 조직문화를 전수했던 오수웅 명예 회장, 그리고 그가 모든 가르침을 배웠을 창업주 오철환 회장의 유산이라고 해야 할 것이다.

그런데 나는 꼭 한 가지 덧붙이고 싶은 말이 있다. 이 문화와 전통은 그분들이 그토록 아끼고 사랑했던 태전그룹 모든 구성원이 함께 이룬 걸작품이라고. 그러므로 지금 근무하는 구성원들은 이 자랑스럽고 소중한 조직문화가 앞으로도 최소 90년은 지속될 수 있도록 모범을 보여야 할 의무가 있다고.

돋보기❷

태전의 핵심가치와 자리이타: 지렛대 효과

콩의 생물학적 특징: 자리이타

태전그룹의 이름을 한자로 쓰면 '콩밭'이다. 태(太)는 '클 태'이기도 하고 '콩'을 의미하기도 한다. 전(田)은 '밭 전'이다. 이 의미를 더 잘 이해하려면 콩의 식물학적 특징을 알아야 한다.

국립식량과학원 고령지농업연구소의 백계령, 이계준, 김태영 연구원은 2019년 〈콩 재배가 토양 미생물 군집 활성도에 미치는 영향〉이라는 제목의 논문을 발표한 바 있는데 그 연구 결과에 의하면 콩을 재배한 토양은 다른 작물을 재배한 토양보다 재배 후에 더 비옥해졌다. 연구자들은 논문에서 다른 연구 결과를 인용하면서 "토양에서 미생물은 분해자 역할을 수행함으로써 양분 순환에 크게 기여했으며 토양 비옥도를 구성하는 중요한 요소로 생태계에서 유용한 기능을 가진 미생물이 작물 수량을 증가하면서 지속 가능한 생태계를 유지하는 데 기여할 것이라고" 했다. "특히 토양 미생물의 효소 활성도는 토양에서의 물질 분해와 순환과 밀접한 관

련이 있고, 작물을 재배하기 위해 토양에 시비를 하면 토양 미생물의 활성

도와 개체수도 함께 증가"한다.

연구자들은 2015년 봄부터 2017년 가을까지 콩과 감자를 재배한 후

토양에서 토양 미생물이 얼마나 활성화되었는지를 비교 분석했다. 그 결

과는 다음 그래프에 나타난 바와 같다.

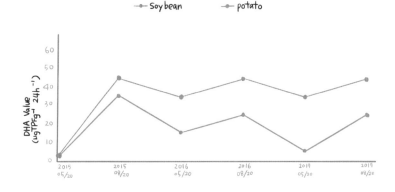

| 3년간 콩과 감자를 재배한 토양에서 나타난 탈수소효소 활성값의 비교분석 결과 |

(출처: 백계령 등 (2019) "콩 재배가 토양 미생물 군집 활성도에 미치는 영향", 한국환경농업연구, 79쪽, Fig 1)

이 그림을 설명하면서 연구자들은 감자를 재배한 토양에서보다 콩을

재배한 토양에서 미생물이 더 많이 배출되었음을 알 수 있었다고 한다. 그

리고 그 차이는 우연의 일치가 아니라 두 작물의 특성에 의한 차이에서 기

인한 것이라고 밝혔다. 일반적으로 콩은 양분이 적은 토양에서도 공생 미

생물의 작용으로 다른 작물에 비해 정상 생육이 가능한 것으로 알려져 있

다. 이런 이유에서 그들은 3년간 콩을 재배한 토양이 감자를 재배한 토양

보다 높은 탈수소 효소 활성화 값을 보인 것은 콩의 공생 미생물이 관여

했기 때문으로 판단했다.

이번에는 농촌진흥청의 고령지농업연구소가 발표한 연구 결과를 살펴보자(농업신문 2019년 8월 2일 자 내용). 연구 결과에 따르면 경사가 심한 고랭지에서 콩을 재배하면, 흙의 유실을 막고 토양 환경을 개선할 수 있다. 콩은 감자나 여름 배추에 비해 지면 노출이 적어 빗물로부터 흙을 보존하고, 공기 중에 있는 질소를 고정해 토양을 비옥하게 한다. 농촌진흥청은 토양 유실 예측 공식을 이용해서 7~30%의 경사지에 콩을 재배했을 때와 감자, 배추를 재배했을 때 유실되는 흙의 양을 1년간 비교했다. 그 결과 콩을 재배했을 때는 흙의 유실이 36.7%에 그친 데 반해 감자와 배추를 재배했을 때는 67.8%의 흙이 유실되었다. 또한 콩을 재배했을 때는 감자와 배추를 연속으로 재배하는 것보다 토양의 미생물 활성화 정도가 약 1.8배 높았다. 즉 콩이 토양 환경 개선에 큰 효과를 보이는 것으로 나타났다. 결론적으로 고랭지에서 콩을 이용한 돌려짓기 재배를 도입하면 토양 환경이 개선되고 토양 유실량 및 화학 비료 사용을 줄일 수 있어 환경 부하가 적은 지속 가능한 농업 체계로의 전환이 가능하며 환경 보호에도 기여할 수 있다.

태전이 설립된 해는 1935년이다. 그러니까 태전의 설립자인 오철환 창립회장이 이런 연구 결과나 신문 기사를 읽었을 리 만무하다. 물론 콩이 다른 작물에 비해 척박한 땅에서도 잘 자란다든가, 콩을 재배하고 나면 토양이 비옥해진다든가 하는 사실은 농사를 짓는 이들 사이에서는 상식에 속했다. 그리고 오철환 창립회장도 그 사실을 익히 알고 있었기에 회사 이름을 태전이라 지었을 것이다. 콩은 그가 사업의 원칙으로 삼고자 했던 자리이타를 온몸으로 실천하는 식물이다. 그는 그가 일구어 갈 회사가 그런 콩을 심고 가꾸는, 그래서 콩이 잘 자라는 밭이길 바랐을 것이다.

연구 결과에서 볼 수 있듯 콩은 오래 재배할수록 땅이 비옥해진다. 즉 콩밭은 해가 갈수록 비옥해지고 비옥한 땅이 되니 더 많은 콩을 심을 수 있다. 점점 융성할 수밖에 없는 회사인 것이다. 토양을 이롭게 함으로써 자신이 자라나는 환경을 좋게 만드는 콩. 회사나 동료를 이롭게 함으로써 자신에게도 이익이 돌아오게 행동하는 구성원들. 부하직원을 이롭게 함으로써 본인에게도 이익이 돌아오게 행동하는 리더. 약국을 이롭게 함으로써 자신에게도 이익이 돌아오게 행동하는 회사. 이것이 콩밭을 일구어 가는 태전그룹과 그 구성원의 DNA이다.

스토리에 묻어 있는 자리이타의 흔적

자리이타가 태전그룹 구성원의 DNA임을 여실히 보여주는 증거는 앞서 소개한 스토리 구석구석에 있으므로 다시 반복하지는 않겠다. 여기서는 자리이타의 원리를 보다 명확하게 보여주는 예를 두 개만 언급하고자 한다.

티제이팜 CS(고객만족)팀 이혜주 과장은 약사가 각기 다른 몰에서 구입한 여러 약을 반품하고자 연락하면 그 수고를 덜어주기 위해 이렇게 말했다.

"다른 쇼핑몰에서 구입한 약이라도 그냥 한 상자에 담아 보내주세요. 다만 어떤 쇼핑몰에서 주문하신 건지 표시만 잘해주세요. 저희가 각각의 쇼핑몰로 반품 처리해 드릴게요."

일단 다른 사람을 편하게 해주는 것이다(利他). 그 결과로 이 과장에게는 어떤 일이 생길까? 반품 박스가 하나에 담겨 오면 이 과장도 박스를 개봉하는 일이 줄어들 뿐만 아니라 반품을 신청한 약국이 어디인지를 확인하는 작업을 일일이 하지 않아도 된다. 자신에게도 이익이 생기는 것이다(自利).

광주태전의 변동룡 상무의 예도 마찬가지다. 변 상무는 물류 부서장에게 직원을 뽑고 전환 배치할 수 있는 권한을 100% 넘겨주었다. 또한 영업본부장이 영업회의를 본인의 의지와 방식으로 할 수 있도록 회의에도 참관하지 않았다. 약을 약국별로 배분하는 권한도 CS 담당 여직원에게 주었다. 그들에게 자존감과 소신, 추진력이 강한 직원으로 성장할 기회를 선사했다(利他). 그는 권한 위임의 결과로 무엇을 얻었냐는 질문에 더욱 중요한 일에 집중할 수 있는 시간을 얻었다고 짧고 굵게 답했다(自利).

신생 회사의 총괄 상무로서 그가 해야 할 중요한 일은 많았을 것이다. VIP 고객을 관리하고 경쟁사 동향을 보다 장기적인 시각에서 파악하는 데도 시간이 필요하다. '약국이 더 많은 단골손님을 유치하고 유지할 수 있도록 돕는다'는 태전그룹의 경영 방침을 광주태전에서는 어떻게 구체화할지에 대해서도 고민해야 했을 것이다. 중요한 것은 변 상무도 십수 년을 함께한 태전그룹 구성원으로서 자리이타라는 DNA가 그의 몸속에 새겨져 있었고, 그 원칙을 회사의 수장이 되어 '권한 위임'으로 재해석함으로써 본인에게 필요한 물리적 시간과 정신적 여유를 확보했다는 점이다.

이 밖에도 많은 구성원이 자리이타라는 원칙을 실천하고 있다는 것은 앞의 많은 스토리에서 확인할 수 있다. 간파했겠지만 자리이타가 발현되는 순서가 있다. 먼저 이타행(利他行)을 하면 시간의 장단은 있지만 나중에 자리(自利)가 생긴다. 이혜주 팀장의 반품 처리 업무에서는 짧게는 다음 날 (요즘 택배가 거의 하루면 도착하니까), 길면 일주일 내에 자리의 효과를 경험할 수 있다. 변 상무의 자리이타 식 권한 위임에는 시간이 좀 더 걸렸을 것이다. 그런데 중요한 점은 자리가 먼저 일어나고 나중에 이타행을 행할 수 있는 상황은 거의 없다는 것이다. 예를 들어 약국이 반품 박스를 보내지 않았는데 이혜주 팀장이 먼저 받을 수는 없는 노릇이다. 그런 의미에서 '자리이타'의 정확한 의미는 '先利他 後自利(선이타 후자리)'라고 볼 수 있다.

태전그룹 구성원의 행동 원칙: 7대 핵심가치

태전그룹은 2006년 수차례의 회의와 워크숍 등을 통해 자리이타 등의 가치를 반영하고 구성원이 의사결정과 행동할 때 지켜야 할 것들을 도출하여 핵심가치를 결정했다. 2023년과 2024년에도 수차례의 전체 리더 회의, 전 구성원의 의견수렴, 투표 등을 통해 핵심가치의 정의를 다듬고 측정 가능한 행동지표를 도출해 인사평가에 활용하는 등 지침으로 삼고 있다.

옆 그림에서 보는 바와 같이 태전의 핵심가치는 7가지이다. 앞서 설명한 자리이타가 중심에 자리 잡고 있다. 구성원 스스로가 견지해야 할 내부 지향 가치에는 주인의식, 도전 정신, 평생학습이 있고, 내외부 고객과의

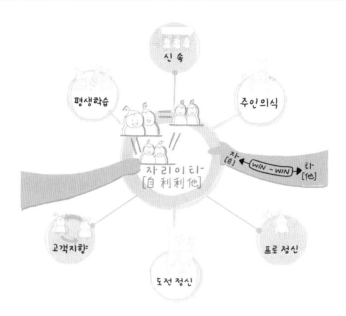

| 태전그룹의 7대 핵심가치 |

상호작용에서 실천해야 할 외부 지향 가치에는 신속, 프로정신, 고객 지향 등이 있다. 각 가치의 의미는 다음과 같다.

태전그룹 7대 핵심가치의 정의

- 자리이타: 타인의 이익을 도모함으로써 자신의 발전도 이룬다.
- 주인의식: 자기 일을 통한 꿈의 실현을 위해 주도적으로 행동한다.
- 프로정신: 어려움 속에서도 끝까지 완성도 높은 결과를 만들어낸다.
- 고객지향: 내외부 고객의 요구와 기대를 이해하고 최우선으로 충족 시킨다.
- 도전정신: 문제에 대한 해결책을 찾기 위해 적극적으로 도전한다.
- 평생학습: 지속적인 자기계발과 학습으로 더 나은 가치를 창조한다.

- 신속: 신속한 판단과 행동으로 비효율과 문제를 미리 방지하고 해결한다.

그렇다면 우리 스토리의 주인공들은 이런 핵심가치를 실천에 잘 옮기고 있을까? 자리이타를 포함한 7대 핵심가치는 태전그룹 구성원에게 어떤 지침을 제공하고 어떤 영향을 미칠까? 치열한 전쟁터라고 일컫는 업무 현장에서 일을 할 때마다 회사 홈페이지에 들어가 핵심가치를 확인한 다음, 해야 할 행동과 하지 말아야 할 행동을 결정하지는 않을 것이다. 그보다는 가랑비에 옷 젖듯 신입사원 때부터 옆에 있던 선배나 팀장이 말하고 결정하는 것들을 보고 듣고 경험하면서 저도 모르게 몸에 배는 것이 아닐까.

그럼에도 이들의 스토리에 녹아 있는 핵심가치를 돋보기를 쓰고 좀 더 자세히 관찰해 보기로 했다. 모든 스토리를 7대 핵심가치로 해부하는 것은 큰 의미가 없으므로 나는 일단 자리이타를 제외한 6가지의 가치를 가장 강하게 느낄 수 있는 스토리를 찾기 위해 그간에 인터뷰한 스토리를 다시 읽었다.

그 과정에서 깨달은 건, 짧게는 수년 동안 길게는 30년이 넘는 기간 동안 태전과 함께했던 주인공들의 경험 속에는 단 한 가지 가치가 아니라 서너 가지의 가치가 혼합되어 있다는 사실이었다. 다음의 표는 내가 고른 스토리 6개와 그 스토리 속에 담긴 가치를 정리한 것이다.

| 스토리에 내포된 태전의 핵심가치 |

No..	주인공	스토리 번호	자리 이타	외부지향 가치			내부지향 가치		
				고객 지향	프로 정신	신속	주인 의식	도전 정신	평생 학습
1	이혜주	STORY 03	○○	○		○			
2	변동룡	STORY 13	○○				○	○	
3	지수연	STORY 05		○○					
4	김현중	STORY 15	○	○	○○				
5	김태정	STORY 18		○		○○		○	
6	오성일	STORY 17					○○		○
7	최용석	STORY 20	○					○○	
8	최영남	특별코너 03							○○
9									
10									
11									
12									

* ○○은 많이 해당함, ○은 어느 정도는 해당함을 나타낸다. ○○ 또는 ○의 표시는 나의 주관적인 해석에 불과하다. 같은 장면을 보고 서로 다른 해석을 하는 현상은 비단 여기서만 일어나진 않는다.

** 9~12번은 빈칸으로 두었다. 스토리를 다시 읽어보면서 여러분만의 해석으로 채워보기 바란다.

핵심가치 실천의 지렛대: 자리이타

자리이타와 나머지 6가지 핵심가치를 설명하는 이 글을 마치기 전에 하고 싶은 이야기가 있다. 제목에 표현했듯, 자리이타라는 가치는 그 자체로도 훌륭하지만 콩이 그렇듯 다른 핵심가치의 실천을 돕거나 촉진하는 지렛대 역할을 한다(인터뷰에서 오영석 회장은 자리이타는 목적이라기보다는 수단이라면서 '지렛대'라는 표현을 썼다).

1. 외부 지향 가치와 자리이타

예를 들어 '고객 지향'이라는 핵심가치를 실천하되 자리이타의 마음을 가지면 고객에게 뭔가 잘해주기가 쉬워진다. 고객에게도 이익이 되고 언젠가는 나에게도 도움이 될 아이디어가 쉽게 떠오르는 것이다. 반려동물을 키우지 않는 지수연 약사가 동물약을 잘 모르는 약사들에게 약국이 동물약을 판매하는 데 유리한 이유를 찾아낼 수 있는 것처럼.

두 번째 외부 지향 가치인 '프로정신'도 들여다보자. 태전이 정의하는 프로정신이란 '어려움 속에서도 끝까지 완성도 높은 결과를 만들어내려는 마음가짐'이다. 누구나 본인의 일이 제일 어렵다고 느끼겠지만 김현중 차장의 업무도 어려운 환경에서 이루어지고 있다. 김 차장은 그 일을 끝까지 포기하지 않고 완성도 높은 결과를 만들었다는 의미에서 진정한 프로라고 할 수 있다.

본문에서 살펴보았듯 김현중 차장은 제약사가 각종 신문에 사과문을 내는 등 전국을 떠들썩하게 했던 A약의 회수 과정에서 영업사원들의 볼멘소리를 들어가면서도 정식 회수 절차를 밟도록 영업사원들을 밀어붙였다. 빡빡하게 군다는 의견이 있었지만 그는 굴하지 않았다. 결국 그의 판단이 옳았다. 얼마 지나지 않아 식약처가 정식 회수 절차를 밟아야 한다는 사실을 발표했고, 영업사원과 약사들은 같은 일을 다시 반복해야 하는 번거로움을 피할 수 있었다. 김현중 차장의 몸속에 체화되어 있는 DNA, 즉 자리이타 원칙이 중요한 역할을 했던 것으로 보인다.

김 차장은 그 결정을 할 때 본인의 편리함을 먼저 생각하지 않았다. 직장생활을 좀 해본 독자라면 알 테지만 차장 직급으로 지점장에게 정식 회수를 요청하는 일은 절대 쉽지 않다. 그가 생각한 이타(利他)의 타(他)는 양쪽이다. 영업사원과 제약사. 그런데 이 사건에는 약사까지 포함되어 있었다. 결국 그의 자리이타적 결정 덕분에 세 곳 모두 덕을 본 셈이다.

김 차장의 스토리가 전해주는 메시지는 명확하다. 진정한 프로는 자리이타 방식으로 생각하고 행동한다는 점이다. 거꾸로 말하면 자리이타식 사고방식은 직장인을 프로로 만드는 데 결정적으로 기여하는 지렛대라는 것이다.

세 번째 외부 지향 핵심가치인 '신속'과 자리이타는 더 깊은 관련성이 있어 보인다. 직원들에게 정시 퇴근의 만족감을 안기는 데 결정적 도움을 준 김태정 팀장의 스토리에 그 해답이 있다. 약국과 병원 등에 납품하는 모든 전문의약품의 상세 정보를 다음 날 24시까지 건강보험심사평가원 의약품관리종합정보센터에 자동으로 제출하는 프로그램을 생각해 보자. 태전은 하루에 1만 품목, 23만여 개의 약제품을 납품하고 있다. 만약 이 업무가 건강보험심사평가원에만 이익이 되는 일이었다면 김태정 팀장이 이끄는 전산팀원들이 신속한 처리를 위해 그렇게 열심히 노력했을까? 답은 명확하다. 그런 의미에서 자리이타는 태전의 모든 직원이 '신속'이라는 핵심가치에 따라 행동하게 만드는 지렛대 역할을 하고 있다. 일을 신속하게 처리하는 것이 너도 좋고 나도 좋다면, 당연히 하는 것이다.

이 스토리에는 자리이타의 지렛대 작용이 또 하나 있다. 바로 전산 프로그램 개발의 주역인 김태정 팀장과 그 팀원들이 가졌던 자리이타 정신이다. 그들 역시 이타만을 위해서 일했다면 그렇게 빨리 프로그램을 개발하지 못했을 수 있다. 물론 그들에게는 사명감이 있었을 것이다. 그런데 그들 마음속에는 '이걸 해내면 일류로 인정받을 수 있다'는 욕구도 있었을 것이다. 그들 마음속에도 자리(自利)가 자리 잡고 있었을 거라는 뜻이다.

2. 내부 지향 가치와 자리이타

내부 지향 가치인 '주인의식'과 '도전정신', '평생학습'이라는 가치 추구 과정에서는 자리이타가 어떻게 지렛대 역할을 할까?

태전그룹이 정의한 주인의식의 의미는 예사롭지 않다. 태전은 주인의식을 '자기 일을 통한 꿈의 실현을 위해 주도적으로 행동한다'라고 정의하고 있다. 받은 만큼 일하고 퇴근 후 회사 일은 말끔하게 잊어버리는 요즘 세대의 직장관과는 어울리지 않는다. 52명을 인터뷰하는 과정에서 나는 이런 의미의 주인의식을 가진 사람을 많이 만났다. 오성일 이사, 변동룡 상무, 김구현 부사장, 박수경 차장, 문혜영 과장, 고강영 부장, 이상화 부장, 박현숙 대리…. 이 중 오성일 이사의 물고기 잡는 법에 관한 이야기를 잠깐 해보자.

그가 이끄는 전산팀이 프로그램을 개발하는 속도나 그 과정에서 직원들의 애로사항을 적극적으로 수용하는 그의 태도를 보면 오 이사 자신이 그 일을 즐기고 있음을 알 수 있다. 오 이사는 자신의 꿈과 회사의 비전에서 공통 분모를 찾아내 의약품 도매업체 중에서 태전을 직원들이 가장 일하기 좋은 회사로 만들었다. 공통 분모 영역에서 그는 자기 끼를 한껏 발휘했고, 그 영역을 점점 넓히며 지금 이 순간에도 자신과 회사의 꿈을 동시에 이뤄가고 있다. 자신과 회사의 꿈이 일치하면 그 사람은 주도적으로 행동하게 된다. 그야말로 주인의식의 정의 자체에 자리이타가 녹아있는 셈이다. 지극히 태전적인, 태전의 철학이 돋보이는 정의가 아닐 수 없다.

다음은 '도전정신'. 문제에 대한 해결책을 찾기 위해 적극적으로 도전하는 스토리로 나는 최용석 부장의 스토리를 뽑고 싶다. 물론 태전그룹의 모든 구성원이 이 시간에도 자신이 처한 문제를 해결하기 위해 적극적으로 도전하고 있을 것이다. 최용석 부장은 영업사원들이 급배송 건을 줄여주면 오송과 미송을 최소화하겠다고 영업팀장과 협상을 했다. 급배송이 하루에 20~30건 생기던 시절에 그가 관장하는 물류센터 내의 통제실 직원을 포함한 많은 직원이 겪어야 했던 스트레스를 줄여주기 위해 발 벗고 나선 것이다. 그 협상 전략의 기반은 이번에도 자리이타였다. 회사에서 생기는 문제는 여러 사람의 업무와 얽혀 있는 경우가 많다. 그 문제를 해결하는 방안을 찾을 때 자리이타라는 지렛대를 쓰면 힘을 적게 들여도 좋은 방안이 생긴다. 신기하게도.

'평생학습'의 스토리로는 '공부가 제일 쉬웠다'는 최영남 부사장을 꼽고 싶다. 그는 아마도 컴퓨터나 세무, 부동산 등에 관심이 있었을 것이다. 전주상고를 나왔고, 전주비전대학교 경영정보학과를 졸업한 걸 보면 그렇게 추정할 수 있다. 그런데 재미있는 점은 그가 관심을 갖고 평생학습을 통해 공부한 내용 대부분이 그의 업무에도 직접적으로 활용되었다는 사실이다. 오성일 이사가 자신과 회사의 꿈이 일치하는 공통 분모 영역에서 주도적으로 일하고 있는 것과 비슷하다. 물론 공부하고 싶은 영역은 어쩌면 더 다양했을 수 있다. 그런데 그는 그 다양한 공부 중 회사 업무와 직접적으로 관련된 영역을 위주로 공부했기 때문에, 즉 자리이타라는 지렛대를 선택했기 때문에 공부의 능률이 높았을 것이다. 이를 그려보면 다음과 같지 않을까?

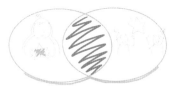

오성일 이사의 꿈과
회사의 비전의
공통분모 (교집합)

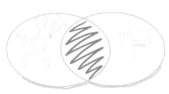

최영남 부사장의
지적호기심과 회사업무의
공통분모 (교집합)

그렇다면 자리이타는 왜 지렛대처럼 작용할 수 있는 것일까? 지금까지 살펴본 8개의 스토리에서 나는 용기, 동의, 협력이라는 세 가지 요인을 찾을 수 있었다.

용기 ㅣ 용기는 자리이타 방식으로 뭔가를 추진하는 본인의 관점에서 찾을 수 있다. 어떤 일을 추진할 때 그 일이 나 혼자만을 위한 것이 아니라 다른 사람에게도 좋은 일이라 생각하면 추진할 용기를 내기가 쉬워진다. 최용석 부장이 영업팀장에게 급배송을 줄여달라고 부탁할 수 있는 용기가 바로 그런 데서 나온 것이다.

동의 ㅣ 동의와 협력은 일을 함께 추진할, 또는 그 일에 협력해 주어야 할 다른 사람에 관한 것이다. 그중 동의는 그 일과 관련 있는 사람의 허락을 얻어내기 쉽다는 뜻이다. 최 부장의 요청, 즉 급배송을 하루 5건으로 제한해 달라는 요청에 영업팀장이 동의하기 쉬운 이유는 자명하다. 대신 골칫거리인 오송과 미송을 최소화해 준다고 하지 않는가?

협력 ㅣ 협력을 얻어내기 쉽다는 것은 동의를 받기 쉽다는 것과 비슷하지만 살짝 결이 다르다. 김태정 팀장의 스토리에 나오는 전문의약품 판매 현황 자동 제출 프로그램은 김 팀장 혼자서는 개발하기 어려웠을 것이다. 팀원과 협력해야 개발할 수 있는 확률이 높다. 회사 일은 누군가와 협업해야 하는 일이 훨씬 더 많다. 그리고 어떤 일에 협력할지 말지를 결정할 때, 그 일을 추진하는 사람의 의도를 본다. 즉 협력을 구하는 의도가 순수하다고 판단될 때보다 적극적인 협력을 구할 수 있다. 만약 김 팀장의 의도가 직원들의 업무를 줄여주는 데 있지 않고 자신의 영달만을 위한 것이었다면, 전산팀 동료들의 협력을 얻어내기는 그리 쉽지 않았을 것이다.

4부

태전의
미래 개척

태전그룹이라는 큰 배의 미래 항로를 개척하는 책임을 진 두 분의 이야기를 담았다. 두 분 모두 '국민의 건강', '약국의 성공', '구성원 한 사람 한 사람의 꿈의 실현'에 대한 깊은 철학적 고민을 들려준 점이 인상적이었다. 특히 태전의 '경제적 성공'과 연관된 언급은 전혀 없어서 놀랍기도 했다. 인터뷰를 정리하면서 두 분의 진심을 알 수 있어 행복했고 그 배에 타고 있는 태전 식구들이 부러웠다.

물류와 상류의 시너지를 찾는
10년의 여정

우공이산(愚公移山)

'상류'라고 했다. 상인 상(商)자를 쓰니 비즈니스의 흐름이라고
도 했다. 잘 쓰이지 않는 생소한 단어에 갸웃하는 나에게 에이오케
이 강오순 대표는 '물류(물적 유통)'에 대비되는 말이라는 설명을 덧
붙였다.

　"태전그룹은 태생적으로 유통업이 본업이잖아요. 그런데 유통업
　에 그치지 않고 그 유통 채널 위에서 더욱 많은 비즈니스가 흐를 수
　있도록 비즈니스 모델을 구축하는 일을 저는 '물류와 상류의 시너
　지'라고 봐요."

쿠팡이나 지마켓, 카카오가 연상되어 물어보니, 아직은 걸음마 단계지만 지향점은 이들 비즈니스와 정확하게 같다고 한다. 일반 의약품과 건강기능식품, 의료기기 등을 약국의 고객관리를 통해 오프라인과 온라인으로 거래되는 플랫폼을 구축하고 있다고. 에이오케이는 지난 10여 년 동안 그 길을 보고 달려오고 있었다.

나는 문득 궁금해졌다. 왜 이런 큰 프로젝트를 시작한 걸까? 의약품 도매업계의 Big 5 중 누구도 시도하지 않던 일이지 않은가.

"동기는 단순했어요. 오영석 회장님의 생각에서 비롯되었죠. 회장님께서 매번 이야기하시는 논리는 간단명료했어요. 우리 비즈니스는 의약품을 제약사로부터 받아서 약국에 공급하는 도매업이다. 우리가 잘 되려면 우리와 거래하는 약국들이 잘 돼야 한다. 약국이 잘 되려면 그 약국에 단골손님이 많아야 한다."

나도 오 회장에게서 들었던 말이다. 본인도 약사이고 어머니, 아버지도 약사였으니 약사와 약국을 단순한 비즈니스 파트너로만 생각하지 않는 듯했다.

"맞아요. 약국은 의사와 병원이 제공하지 못하는 보살핌을 제공하는 동네 사랑방 같은 곳이어야 하고, 약사들은 동네 주치 약사의 역할을 해야 한다는 생각을 갖고 계시죠. 그런데 문제는 건강기능식품과 의료기기들을 판매하는 채널이 너무 많아졌다는 거예요. 특히 코로나 팬데믹을 지나면서 쿠팡이나 지마켓 등 온라인 쇼핑몰에 없는 물건이 없잖아요. 이젠 약국끼리 경쟁하는 것이 아니라 다른 산업의 메가톤급 선수들과 경쟁해야 하는 거예요. 심지어 약국에 와서 이것저것 물어보고는 약사가 버젓이 보고 있는데도 휴대폰에서 검색해서 조금이라도 저렴하면 미안하다는 말 한마디 하지 않고 약국 문을 나서는 손님이 있는 것도 사실이거든요. 이렇게 급변하는 환경에서 약국 단골손님을 다른 산업에 뺏기지 않으려면 우리 도매업체는 무엇을 해야 할까? 약국이 없으면 우리도 살아남을 수 없는데 말이죠. 이런 시대 인식과 문제의식에서 물류와 상류의 시너지를 낼 수 있는 비즈니스 모델을 찾아 헤맨 여정이 제가 에이오케이의 대표로서 좌충우돌하며 지낸 10년의 세월이에요."

그 10년의 여정에서 참 여러 가지 일이 있었을 법했다. 의약품 도매업체가 만든 에이오케이라는 회사는 물류와 상류의 시너지를 위해 어떤 시도를 했을까? 그동안의 성과는 무엇이고 실패했다면 어떤 실패를 경험했을까? 실패로부터 얻은 교훈과 그 교훈이 현재와 미래의 에이오케이에 어떻게 반영될까? 만약 에이오케이라는 회사가 상장한다면 과연 그 주식을 사도 될 만큼 비전이 있을까?

"지난 10여 년간의 여정은 도전의 연속이었어요. 무모해 보이는 것은 우리가 해내지 못해서이지 할 수 없는 것을 했기 때문은 아닙니다. 끊임없는 도전을 위해 우리는 그에 상응하는 시간을 보냈어요. 주식을 사도 되냐고 물으신다면, 네, 그렇습니다. 우리 회사의 과거, 현재, 미래는 매우 투명하니까요.

에이오케이라는 회사의 정체성과 존재 이유를 이해해 주는 사람은 외부 사람들(약사와 다른 도매업체 사람들)은 물론 태전그룹의 임직원 중에도 많지 않았어요. 도대체 왜 태전이 에이오케이 같은 회사를 두는 거냐는 질문을 참 많이 받았죠. 그것은 오영석 회장이 고민했던 '이대로라면 10년 후 태전은 무지갯빛이 아니다'라는 데서 출발합니다. 모든 여정은 여기서 시작되었어요. 그 과정에서 떠난 사람도 있지만 지금까지의 노력이 PB 제품 개발이나 얼라이언스 플랫폼 구축, 펫코팜 비즈니스의 출범 등을 가능하게 했다고 봅니다."

10여 년이 지난 지금의 회사 사정에 대해 물으니, 강 대표는 조금은 자신감이 생겼다고 했다. 매출이 확 늘어난 것은 아니지만 젊은 친구들에게서 희망이 보인다고도 했다.

"요즘 젊은이들은 회사에 들어올 때 자신이 여기서 뭔가를 이룰 수 있는지를 대단히 정확하게 판단하는 듯해요. 그런데 최근에 들어온 친구들이 유능하기도 하려니와 자기가 해보겠다며 자진하거든요. 저는 이를 매우 희망적으로 보고 있어요."

요즘 회사들은 인력 충원을 잘하지 않는다. 불황이기도 하지만 인력을 대체할 기술의 발전이 거듭되고 있고, 갈수록 불확실한 변수가 커지고 있기 때문이다. 에이오케이도 그동안은 내부 직원이 하지 않아도 되는 일은 과감하게 없애거나 외부 전문가에게 맡겨왔다. 하지만 이제는 인원을 늘릴 시기가 왔다. 일의 효율은 과거보다 훨씬 높아졌으나, 그럼에도 해야 할 일이 더 많아졌기 때문이다. 새로운 비즈니스 모델로부터 기대했던 수준의 매출과 이익이 나오는 게 얼마나 힘든지는 아는 사람은 안다. 에이오케이 강 대표는 그런 의미에서 이제는 느낌이 좋다고 했다. 끝으로 에이오케이 대표이사로서 태전그룹 식구들에게 하고 싶은 말을 물었다.

"기회가 있을 때마다 하는 말이지만 이제는 진짜 똘똘 뭉쳐야 해요. 다른 사람들은 우리 일에 관심을 두지 않을 수 있어요. 하지만 태전그룹 식구들은 우리 일에 자부심을 가져야 합니다. 국민의 건강을 위해 약사들과 협업하는 일에 자부심과 긍지를 가지고 똘똘 뭉쳐야 해요. 그래서 의약품 도매업계에서는 꿈꿔보지 못한 물류와 상류의 시너지 창출을 꼭 이루어 냈으면 좋겠습니다."

앞으로 90년,
지속 성장의 발판을 다지겠습니다

살 이유가 있는 사람은 그 무엇이든 견뎌낼 수 있다.

- 니체

"어느덧 저도 입사한 지 곧 30년이 됩니다. 할아버님과 아버님이
일구어 놓으신 콩밭을 제 대(代)에 망쳐서는 안 되지 않겠습니까?"

인터뷰를 시작하고 얼마 지나지 않아 오영석 회장은 특유의 소탈
한 어투로 속내를 털어놓았다. 3대째 이어온 가업을 선조에 부끄럽
지 않게 이어가기 위해 태전그룹 수장으로서 그는 어떤 생각을 가
지고 경영을 해나가고 있을까?

　그룹의 CEO로서 그가 가장 중요하게 생각하는 사명은 미래를
대비하는 것이었다. 1985년 아버지인 오수웅 회장께서 당시 매출
이 95억 원에 불과한 데도 1억 원이 넘는 돈을 투자해서 IBM사의

서버 컴퓨터를 도입했듯이, 그는 2008년 마케팅 전문가 집단이자 태전그룹 계열사들을 위한 싱크탱크라 할 수 있는 오엔케이이라는 회사를 설립했다. 그때의 상황을 듣고 싶었다.

"오엔케이이를 법인으로 독립시키기 몇 년 전부터 현재 오엔케이이 대표인 강오순 대표님을 만났어요. 그때가 뉴밀레니엄이 막 시작되던 2000년대 초반이어서 사람들이 입만 열면 '디지털 세상이 온다. 소비자들의 니즈가 근본적으로 바뀔 것이다'라며 변화에 적응하고 선도해야 한다고 했죠. 그래서 강 대표님과 이런 변화와 대응 방안에 대해 마스터플랜을 각자 작성해 보고 의견을 교류하자고 했어요. 약사님들도 많이 만나 그들의 생각도 확인받고 새로운 사업에 동참도 시켜보자며 의지를 모으기도 했죠. 그런데 강제력이 없다 보니 뜻만 있고 구체적으로 옮겨지지 않더라고요. 이렇게 해서는 비즈니스가 되지 않겠구나 깨닫고는 바로 법인을 설립했죠."

당시 오 회장과 강 대표의 질문은 언제나 '어떻게 하면 우리 고객인 약국들이 성공할 수 있을까?'였다고 한다. 사실 오엔케이이 초창기에는 태전이 도매를 포기하고 약국 프랜차이즈를 하려 한다는 불필요한 오해를 받기도 했다고. 그런데 우리나라에서는 약국 프랜차이즈가 불법이다. 법적으로 약국은 법인화할 수가 없다.

오 회장이 미래를 대비하기 위해 시간과 비용을 투자하고 있는 증거는 또 있었다. 그 모임의 이름은 '미래준비위원회', 줄여서 '미준위'다. 최근 직원 의견을 반영해 운영 방식을 바꾸기 전까지 무려 3천 회가 넘게 열렸다. 아침 6시 30분, 법정 공휴일을 제외하고는 매일 모인 셈이다. 2012년 1월 2일 첫 모임을 가졌으니 2024년 5월 현재 12년 4개월째 지속되고 있다. 미준위를 시작하게 된 계기가 참 재미있다.

"사실 제가 엄청 게을렀어요. 전날 고객들과 술을 마시면 회사 출근을 10시, 11시에 했죠. 이러면 안 되겠다는 생각에 일종의 강제성을 가지려고 시작한 것이 미준위입니다. 처음에는 원하는 분들만 아침 일찍 모이려고 했는데, 좀 더 많은 사람이 참여토록 하기 위해 아침 식사를 겸하기로 했어요. 그런데 당시만 해도 새벽에 아침 식사를 하는 곳이 많지 않아 지금은 없어진 코아 호텔에서 만나 호텔 조식을 먹었죠. 호텔에서 아침밥을 먹는다니까 직원들이 많이 왔어요. 그렇게 운영하다가 오가는 시간에 식사 시간까지 너무 많은 시간이 소요되어 방식을 바꾸었죠. 성장하고 싶은 열의가 있는 직원과 아침밥 먹으면서 공부하는 걸로요. 둘이 시작했는데 어느새 5명, 10명, 많게는 20명이 나오더라고요. 사람이 많아지니 토론이 어려워져 지금은 요일을 정해서 부서별로 모이고 있어요. 월요일은 총무팀, 화요일은 병원팀, 수요일은 영업부, 목요일은 영업관리팀, 금요일은 물류팀, 이런 식으로요."

오 회장은 3천 회가 넘는 미준위 회의 자료를 1회부터 보관하고 있다. 그가 미준위에 얼마나 애착을 가졌는지를 여실히 보여주는 대목이다. 몇 개만 보여 달라고 하자 그는 흔쾌히 보여주었다. 제1회 미래준비위원회의 회의 자료를 여기에 싣는다.

2012/1/2 미래준비위원회(Future Preparatory Committee, 가칭 FPC)

오늘이 내일보다 더 중요한 이유

여러분은 피부암을 전문적으로 연구하는 의사입니다. 그런데 젊은 여자들이 아무런 방비를 하지 않은 채 강렬한 햇빛에 그대로 피부를 노출한 채로 거리를 활보하고 다니고 있습니다. 여러분은 여성들에게 자외선과 피부암의 위험을 끊임없이 경고하지만 그들은 여러분의 말에 아랑곳하지 않습니다. 어떻게 하면 그들에게 피부암의 위험을 제대로 알려 행동의 변화를 끌어낼 수 있을까요?

방법은 이렇습니다. 피부암의 위험을 홍보해 봤자 그것이 먼일이라고 생각합니다. 마음에 와닿지 않죠. 그렇기 때문에 햇빛에 그대로 노출되면 여드름이 생기거나 40대가 되기 전에 얼굴에 기미와 검버섯이 생길 수도 있다고 말하는 게 효과적입니다. 먼일이 아니라 아주 가까운 일로 이야기해야 납득을 하는 거죠.
"오늘 사과 1개를 받을 것인가, 아니면 내일까지 기다려서 사과 2개를 받을 것인가?"라고 물으면 대부분의 사람이 오늘 사과 1개를 받겠다고 합니다. 하지만 "앞으로 60일 후에 사과 1개를 받을래, 아니면 61일 후에 사과 2개를 받을래?" 하고 물으면 거의 모두가 61일 후에 사과 2개를 받겠다고 합니다. 똑같은 하루 차이인데도 현재에 가까울수록 시간의 가치를 훨씬 크게 생각하는 것입니다. 행동경제학에서는 이처럼 먼 미래보다 현재를 중요시하는 것을 '현재 지향 편향'이라고 말합니다.
간단한 사례지만, 사람의 행동 변화가 말처럼 쉽지 않은 이유가 '현재 지향 편향'에 있다는 것, 그리고 사람들의 의미 있는 행동 변화를 이끌어내려면

'현재 지향 편향'을 잘 이용해야 한다는 것을 느끼게 됩니다. 진화심리학적 관점에서 봐도 인간은 먼 미래를 보는 것보다 바로 지금의 일에 더 큰 가치를 두고 관심을 기울이는 게 당연합니다. 수백만 년 전, 위험한 환경에서 살아남으려면 현재를 중시하는 것이 유리했기 때문입니다.

새로운 제도나 전략을 조직에 도입할 때, 비전 달성이니 녹색 환경에 일조한다든지 하는 거창한 목표는 겉으로는 그럴듯해 보여 동조하지만 실상 직원들의 마음 한편에는 '좋은 말이지만 나랑 크게 상관없는 일이야. 경영진이 알아서 하겠지'라는 생각이 피어오릅니다. 변화할 생각이 별로 없다는 뜻이죠.

사람들의 '현재 지향 편향'을 이해한다면 거창하고 먼 미래의 일로 보이는 목표를 오늘이나 내일의 일로 잘게 쪼개거나, 적어도 그런 일로 표현할 줄 알아야 합니다. 그래야 실제적인 변화를 기대할 수 있습니다.

오늘은 '현재 지향 편향'을 시행하는 제도에 (그리고 사람들에게 잘 전달이 안 되는 제도에) 적용할 수 없을지 고민하는 하루가 되길 바랍니다. 오늘은 힘들다고요? 그렇다면 앞으로 한 달 후에 고민하시겠습니까?

참고 도서: 《불합리한 지구인》, 하워드 댄포드 지음

오 회장의 미래 준비와 학습에 대한 열의를 보여주는 태전만의 독특한 프로그램 중 하나는 '독서 노트'이다. 2007년 8월부터 전 직원에게 매달 한 권의 책을 나누어 주고 우수 독후감을 선정해 상도 주고 있다. 독후감을 제출하지 않으면 책값으로 1만 원을 내야 한다. 1만 5천 원짜리 책이라면 회사가 5천 원, 본인이 1만 원을 부담하는 셈이다. 하지만 독후감을 쓴다면 책값을 내지 않아도 되고 돈으로 환산할 수 없는 지혜도 쌓을 수 있다. 교육을 중시한 선대 회장님으로부터의 전통을 계승 발전시킨 것이라 했다.

"독서 노트도 꽤 오래됐죠. 처음에 어떤 건설회사에서 쓴 독서 경영에 대한 책을 보고 영감을 받아서 시작했어요. 비용이 꽤 많이 드는 프로그램이에요. 처음에는 100권, 200권이었다가 직원 수가 늘어 지금은 한 달에 600권 가까이 되니까요. 하지만 책을 읽는 것만큼 좋은 교육은 없다고 생각해요. 선대 회장님도 항상 교육을 중시하셨죠. 저도 어떻게 하면 교육을 잘할 수 있을까를 고민합니다.

처음엔 외부 강사를 초청해서 강연을 듣는 것 외에는 선택지가 없어 보였어요. 그런데 저녁에 전 직원이 모여 강연을 듣는 것은 피곤하기도 했지만 강연의 효과도 그때뿐이더라고요. 강연자는 그날의 강연에는 열중하지만 교육의 성과나 피드백에 관해서는 관심이 없어요. 그래서 강사 초청을 그만두었죠.

사실 저도 학교 다닐 때는 책을 안 읽었는데 회사에 다니면서 책의 중요성을 경험했어요. 모르는 게 생기면 배울 수 있는 건 책밖에 없어서 책을 굉장히 많이 읽었죠. 책을 통해 알게 된 것들을 활용해서 일을 하니까 일을 잘하게 되고, 일을 잘하게 되니까 재미가 있어서 더욱 책을 가까이하게 되더라고요. 그래서 생각했죠. '책이 선생님이구나!' 그리고 직원들에게 나눠준 책이 1만 원의 가치가 될지, 1억 원의 가치가 될지는 책을 읽은 사람에게 달린 거지 책의 가격이 중요한 게 아니라는 생각을 했어요. 500명에게 1만 원씩 투자해서 500만 원의 책을 샀지만 어떤 한 사람이 거기에서 천만 원어치의 가치를 끌어낼 수 있다면 손해 보는 장사는 아니죠. 그래서 계속해서 투자해 왔던 겁니다."

오엔케이와 에이오케이의 설립, 미래준비위원회, 독서 노트로 이어지는 오 회장의 미래 대비를 위한 노력과 행동은 그야말로 지칠 줄 몰랐다. 그렇다면 오 회장과 그가 이끄는 태전그룹이 불투명한 미래를 개척하는 과정에서 나침반 역할을 하는 그들만의 미래 대비 원칙은 무엇일까? 그 대답을 찾는 데는 시간이 오래 걸리지 않았다고 한다.

"한마디로 요약하면 자리이타입니다. 저희는 많은 고민 끝에 단순한 답을 찾았고 '우리가 살아남으려면 약국이 성공해야 하고, 약국이 성공하려면 단골손님이 많아져야 한다'라고 정리했어요. 간단히 말해 '우리와 거래하는 모든 약국에 단골손님이 많아지도록 돕는다'는 결론에 도달한 거죠."

태전은 2008년부터 지금까지 약 16년간 여러 가지 시도를 했다. 실비도, 벌나무, 노량과 같은 PB 제품을 개발해 판매하기도 하고, 오더스테이션, 우약사, 펫코팜 같은 약사들을 대상으로 한 플랫폼을 만들기도 했다.

"그 모든 노력이 사실은 두 가지 질문, '약국은 단골손님을 어떻게 만들 것인가?', '약국이 단골손님을 많이 만드는 과정에 우리는 어떻게 도울 수 있을까?'에 대한 해답을 찾아가는 과정이었어요. 약사님들은 모두 바쁩니다. 그래서 우리는 약사님들이 수고를 덜면서 단골이 많아질 수 있는 무언가를 만들어보자는 생각으로 여러 가지 실험을 하는 거죠."

미래를 예측하고 이에 대비하려는 노력이 지치지 않았던 것처럼 고객의 성공을 돕고자 하는 그들의 노력 또한 매우 끈질겼다. 오엔케이를 만들어 16년간 수많은 시도를 했고, 성공과 실패를 거듭하면서도 좌절하지 않은 그와 태전그룹 구성원들을 보면서 이들의 끈질긴 노력을 추동하는 삶의 철학이 궁금해졌다. 600여 명의 구성원이 고객인 약사의 성공을 위해 밤낮으로 노력하도록 동기부여 하는 힘은 과연 무엇일까? 이 질문에 대한 오 회장의 답은 간결했다.

"사실 그 질문에 대한 제 생각을 최근 임원과의 희망 실천 워크숍에서 이야기할 기회가 있었어요. 결론부터 말하자면 '자기 스스로에게 다섯 번 '왜?'라고 질문하자. 그러면 답이 나온다'입니다. 예를 들어 '우리가 왜 약국 영업을 해야 해?', '돈을 벌어야 하니까', '왜 돈을 벌어야 해?' 이런 식으로 '왜?'라는 질문을 다섯 번 하면 대부분은 일하는 이유가 나오고, '왜 일을 그렇게 해야 해?'에 대해 고민하니 사는 이유가 나오는 거예요. '왜 아침 조찬에 나와서 잠도 못 자고 미준위 미팅을 해야 하지?', '회장님이 시켜서', '회장님은 왜 시켰다고 생각해?' 이런 식으로 질문을 이어가면 근본적인 대답이 나오는 거죠.
저는 태전이 만들어 나가는 세계도 중요하지만 그보다 더 중요한 것은 태전에서 일하는 한 사람 한 사람의 세계라고 생각합니다. 자기가 이 일을 왜 하는지에 대해 깊이 고민하고 주체적으로 자기 삶을 행복하고 가치 있게 만들어가야 한다고 생각해요. 개인의 성공은 자연스럽게 회사의 성공으로 연결되기 때문에 저는 회사에서 일하는 사람들이 행복해지는 길을 고민합니다. 그래서 '왜'라고 질문하며 자기 삶의 의미와 가치를 찾는 것을 제일 강조하고 있죠.

지금 태전의 구성원은 600명이지만 앞으로 태전은 1,600명이 되고 6,000명이 될 겁니다. 태전그룹이라는 항공모함의 선장으로서 모든 구성원이 자신이 하고 있는 일의 진정한 의미를 찾을 수 있어야 한다고 생각해요. 그들이 그렇게 할 수 있도록 돕는 것, 여건을 마련하고 지속해서 자극하고 구체적인 방법과 수단과 기회를 제공하는 것이 매출이나 수익의 제고보다 저의 가장 중요한 임무라고 확신합니다."

유통 기업에는 여러 부서가 필요하다. 영업 부서도, 영업관리 부서도, 회계 부서, 물류 부서 모두 필요하다. 그런데 일에 대해 보람을 느낄 수 있는 포인트는 저마다 서로 다르다. 영업부서는 매출 목표액을 정해 이를 달성하면 인센티브를 줄 수 있지만, 회계 부서 같은 지원 부서나 물류센터는 일의 특성이 반복적이라 힘들고 계량적으로 목표를 정할 수 있는 것도 아니다. 즉 영업 부서 직원들을 동기 부여하는 요인과 내근직 직원들에게 하는 동기 부여 요인은 다를 수밖에 없다. 그래서 그는 업무도 다르고 성격도 다르고 가치관도 다른 구성원들이 어떻게 하면 자기 일의 진정한 의미를 찾을 수 있을까에 대해 끊임없이 고민하고 있다고 했다.

"지금도 제일 어렵고 공을 들이는 문제입니다. 하지만 이는 제가 가르치거나 답을 줄 수 있는 문제가 아니에요. 제가 할 수 있는 역할은 일과 삶의 의미를 어떻게 연결해야 하는가에 대한 철학적 고민을 끝까지 잊지 않고, 그 의미를 계속 찾아갈 수 있도록 동기를 유발하고, 저 스스로도 그들이 그렇게 할 수 있도록 도와야 한다는 마음을 끝까지 유지하는 것이라고 생각합니다."

오 회장은 문득 생각났다는 듯 최근 읽었다는 책 이야기를 이어 갔다.

"《마인드풀 러닝Mindful Running》이라는 책인데요. 저자는 한국 사람인데 미국 아이비리그에 속해 있는 유명한 대학교를 졸업하고 미국의 일류 대기업에 취업해서 근무하고 있었답니다. 그런데 어느 날 자신을 뒤돌아보니 별로 행복하지 않더래요. 곰곰이 생각해 보니 자신이 진짜로 하고 싶은 일은 달리기였다는 걸 깨달았죠. 그래서 회사를 그만두고 달리기를 시작했어요. 그런데 달리다 보니 자기가 달리고 있는 포즈가 맞는지, 보다 잘 달리려면 어떻게 해야 하는지 의문이 생겼다는 거예요.

그래서 수소문 끝에 케냐의 이튼 마을이 세계적 마라톤 선수들의 성지라는 것을 알고는 곧장 날아갔답니다. 어렵사리 코치를 구해 마라톤 수업을 시작했는데요. 과학적인 학습이나 훈련 프로그램이 있을 거라는 기대와는 달리 전혀 다른 방식으로 훈련을 시키더래요. '너무 빨리 달리지 말아라', '네가 뛸 수 있는 가장 느린 속력으로 뛰어라', '오늘 뛰면서 무슨 생각 했니?', '뛰면서 즐거웠니? 재미있었어?' 이런 질문도 던지고요. 중요한 건 충분히 휴식하고 잘 먹는 거라고 했다는데 케냐 촌에 훌륭한 먹거리가 있었겠습니까? 그냥 옥수수와 과일 조각이더래요. 그래도 아침에 뛰고 먹고 쉬고, 점심 먹고 쉬었다가 뛰고, 저녁에 일찍 자고 그다음 날 또 같은 과정을 반복했답니다. 그리고 또 하나 그곳에서는 '우승하려고 무리하게 뛰면 다친다. 그러면 달리기를 즐길 수 없다. 우승을 목적을 하는 마라토너들은 오래 가지 못한다'는 것을 강조했대요.

이 과정에서 저자가 중요한 질문을 발견했어요. '저 친구들은 평생 달리기를 하면서 어떤 의미를 찾을 수 있었을까? 달리기가 그들에게는 일이라면 일인데….' 이 대목을 읽으면서 정말 깜짝 놀랐어요. 제가 표현하지 못한 질문이었거든요. 어떤 특정한 목적을 위해서 일하는 게 아니라 '일을 통해 나는 뭘 배울 수 있나?'라는 질문, 그 질문이 바로 그 책에 있는 거예요. 그리고 책의 저자는 일(달리기)을 통해 얻을 수 있는(얻어야 하는) 중요한 교훈 세 가지를 말해주었죠. 절제, 감사, 겸손.

이 대목에서 크게 감동했어요. '일을 통해 이 세 가지를 배울 수 있다면 정말 직업을 잘 선택한 거고 잘 산 인생이다!'라고 누구에게든 자신 있게 말할 수 있을 것 같더라고요. 궁극적으로는 내 인생에 대해, 나에 대해 정말 고맙다고 생각할 수 있겠다는 잠정적인 결론에 도달했다고 할까요? 그리고 이 세 가지 교훈은 물류팀이건 영업팀이건 어디든 적용할 수 있을 것 같았어요. 마라토너는 절제를 잃으면 욕심을 부리게 되고 몸을 다치게 돼요. 오늘도 달릴 수 있음에, 그걸 가능하게 해준 매사에 감사해야 하죠. 사실 겸손하지 않으면 배우려고도 하질 않잖아요. 절제, 감사, 겸손은 간단한 말이지만 정말 심오한 뜻을 가지고 있어요."

무언가를 위해, 즉 돈을 벌기 위해, 매출 목표를 달성하기 위해, 회사에서 인정받기 위해, 고객의 성공을 돕기 위해 일을 하는 것이 아니라, 일이란 그저 절제와 감사, 겸손의 경지에 대한 깨달음을 얻는 과정이라는 것이다.

"태전그룹 7대 핵심가치에서 중심 가치인 '자리이타'와는 결이 조금 다른 이야기였죠? 자리이타는 목적이라기보다는 수단이에요. 일종의 지렛대죠. 고객 지향의 가치를 실천할 때 자리이타의 마음으로 하면 더 쉽게 그 가치를 실현할 수 있어요. 신속이라는 가치, 프로정신이라는 가치, 주인정신, 도전정신, 평생학습 등의 가치도 자리이타라는 지렛대를 사용하면 그 가치를 실현하는 게 쉬워져요.
  제가 이야기하고 싶은 것은 고객의 성공을 돕는 것, 태전의 지속 성장을 위해 노력하는 것, 이를 위해 미래의 변화에 대비하는 이 모든 활동의 궁극적 목적을 구성원 개인 차원으로 천착해 들어가면 결국은 개인의 자아실현에 귀결된다는 것입니다."

오 회장의 말을 듣다 보니 오 회장이 이야기한 4가지 키워드 간의 관계가 비로소 말끔히 정리되는 것 같았다. 이해를 돕기 위해 이를 그림으로 표현해 보았다.

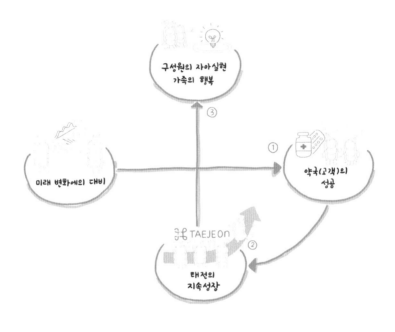

| 4가지 키워드 간의 관계 |

화살표 ①: 우리(태전그룹)가 왜 미래에 대비해야 하는가?
약국이 잘 돼야 하는데 약국을 둘러싼 환경이 급격하게 변화하고 있다.

화살표 ②: 왜 약국이 잘 돼야 하는가?

우리는 의약품 도매업을 하는 사람들이다. 약국이 잘 돼야 태전이 지속 성장할 수 있다.

화살표 ③: 태전이 지속 성장하는 것이 왜 중요한가?

태전의 구성원과 가족에게 일과 수입을 제공하는 삶의 터전이기 때문이다.

이 터전이 왜 중요한가? 우리는 모두 결국 일을 통해 진정한 자아를 발견하고 실현해 간다. 만약 태전이 지속 발전하지 않는다면 삶의 터전은 없어질 것이고, 결국 태전을 다니는 구성원 모두가 자아실현의 장 자체를 잃게 되기 때문이다.

"지금까지 이야기한 것은 문제에 대해 깊이 고민하는 과정에서 내린 잠정적인 결론이에요. 아니 결론이라기보다는 인생의 진리를 찾아가는 긴 여정에서 현재까지 찾아낸 중간 결과인 거죠. 그런 의미에서 태전그룹의 구성원에게 몇 가지 질문을 하며 인터뷰를 마무리하고 싶네요."

• 내가 이 일을 하는 궁극적인 목적과 의미는 무엇인가?
• 그 의미를 찾기 위한 가장 좋은 방법은 무엇인가?
• 나는 그 의미를 찾기 위해 어떤 노력을 하고 있는가?
• 나는 그 의미를 실현하기 위해 어떤 노력을 하고 있는가?

윤과 봉의 대화: 숨은그림찾기

지금부터 소개할 내용은 태전그룹 인재 및 조직개발 담당 부사장으로 재직하고 있는 윤형준 교수와 이 책의 집필을 위한 인터뷰와 스토리 구성을 맡은 봉현철 교수 간의 대화를 요약한 것이다. 이를 싣는 이유는 이 책이 어느 중견그룹 회사의 이야기로 끝나는 것이 아니라 실무와 학문을 넘나드는 두 교수의 관점에서 통찰을 찾기 위함이다.

윤형준(이하 윤) 이 책은 봉 교수님뿐만 아니라 저에게도, 회사에도 도움이 되는 것이라서 모두가 운이 참 좋은 것 같습니다. 가끔 제 삶에 이와 같은 기적이 일어나곤 하는데 저는 평소 이렇게 생각해요. '현실적인 기반에서 사심 없이 미래를 준비해 나갈 때 운은 창조된다.'

봉현철(이하 봉) 운이 창조된다는 말이 태전그룹이 90여 년간 지속 성장하는 비결과 일맥상통하네요. 태전과 같은 우리나라 강소 기업들의 스토리를 발굴하고 기록하는 작업을 통해 기업의 가치가 잘 보존·전달되고 계속해서 더 발전될 수 있기를 바라는 마음에서 우리가 이 책을 썼잖아요. 이 책이 태전을 비롯해 다른 기업에도 선한 영향력을 끼칠 수 있었으면 좋겠어요.

윤 저도 그렇게 생각합니다. 제가 교수님이 주신 인터뷰 내용들을 분석해 보았는데요. 신기하게도 태전의 사례에 맞아떨어졌어요. 본론으로 들어가기에 앞서 이 책에 실린 인터뷰가 어떤 철학에 근거해 이뤄졌는지 소개해 주시겠어요?

봉 저는 최대한 조직의 긍정적인 측면을 끄집어내고자 했습니다. AI*Appreciative Inquiry*로 잘 알려진 강점 기반의 조직 변화 방법론을 활용했죠. 어느 회사나 명암이 있기 마련인데 어둡고 문제가 되는 부분에 집중하다 보면 조직 구성원의 사기가 떨어집니다. 일례로 어느 회사에서 신입사원에게 회사의 문제점을 파악하고 해결안을 도출하라는 과제를 내주었는데, 회사의 문제점을 열심히 파헤치던 신입사원 모두가 몇 주 내에 퇴사했다는 이야기를 들은 적이 있어요. 그래서 저는 오직 강점에만 집중했습니다. 회사 차원에서도 자신들의 강점을 인식하고 그것을 통해 정체성을 찾고 미래를 준비하면 좋겠다는 생각이었죠.

윤 현명한 결정이었습니다. 그래야 인터뷰하는 직원도 자기가 겪은 경험을 허심탄회하게 풀어낼 수 있고, 회사에 대한 긍정적인 인식이 높아질 수 있을 테니까요. AI에서는 발견Discover, 몽상Dream, 설계 Design, 운명Destiny의 4단계로 구성된 4D라는 모델을 써서 변화를 촉진하는데요. 교수님은 4D 중에서 첫 번째 단계인 '발견'에 초점을 맞추셨어요. 이 책의 결과물은 바로 태전이라는 조직문화 차원의 발견이었다고 보입니다.

봉 네, 맞습니다.

윤 저는 사실 강점에 집중하는 것은 조심히 접근할 필요가 있다고 생각하고 있어요. 제 논문에도 소개한 적이 있는데, AI 등의 방법을 활용하여 조직 구성원 모두가 바라는 미래상(비전)이 정립되었다면, 아픈 부분도 들여다봐야 한다고 봅니다. 냉철한 현실 인식을 통해 위험 요소에도 대응해야 하니까요. 하지만 저도 AI의 발견과 몽상 단계에서는 최대한 강점을 도출하고 긍정적인 미래를 지향해야 한다고 믿기에 교수님이 선택하신 방법을 전적으로 지지합니다.

봉 저도 아픈 부분을 정확하게 인식하고 냉철한 현실 인식을 바탕으로 위협 요소를 미리 발견하여 적기에 대응해야 한다는 윤 교수님 의견에 100% 동의해요. 다만 그 분석의 순서에 있어서 방금 교수님이 말씀한 것처럼 미래상이 정립된 다음에 약점과 위협 요인을 분석하자는 것이죠. 그 점에 있어서 우리 의견이 같은 것 맞죠?

윤 네 맞습니다. 그리고 우리가 태전 스토리에 기반하여 여러 이해관계자에 대해 제언해 보기로 했는데요, 저는 제언의 대상을 태전의 구성원과 리더, 회사로 나누어봤습니다.

자, 그러면 본격적인 논의를 진행해 볼까요? 제가 교수님이 주신 인터뷰 파일들을 NVivo라는 질적 연구를 위한 소프트웨어를 통해 분석해 테마를 추출하고, 어떤 요인들이 태전을 90년 가까이 장수하는 기업으로 만들었을까 하는 관점에서 선후 관계에 대해 생각해 봤는데요.

인터뷰 내용을 읽으며 가장 중요하다고 생각한 것이 '인간존중'의 경영철학이었어요. 태전그룹의 7대 핵심가치에는 포함되어 있지 않지만, 많은 스토리를 관통하는 것이었습니다. 특히 김태정 팀장 스토리에 나온 자동 팩스 전송 시스템이 인상적이었어요. 이는 효율도 추구하지만 고객과 직원의 수고를 덜어주는 좋은 사례였습니다. 이외에도 최용석 부장의 사례에 나온 것처럼 말을 함부로 낮추지 않는다든지, '몸이 아프면 그만두라'는 식의 부정적인 발언을 하지 않는다든지, 사람들을 막 대하지 않는다는 스토리가 여러 건 있었습니다. 상사의 배려와 관심으로 우울증에서 탈출할 수 있었다는 윤형준 과장의 사례에서도 태전그룹의 인간존중 문화를 잘 들여다볼 수 있었고요.

그다음은, 태전그룹의 핵심가치인 '자리이타'가 단순한 자리이타가 아닌 자리이타가 가능한 형태의 시스템으로 꾸준히 만들어왔다는 것을 볼 수 있었어요. 발주 프로그램의 팩스 전송 기능을 만듦으로써 고객의 편의를 높이고 직원의 수고를 덜게 하는 식으로 시스템 개발이 계속된 것도 그렇고, 물류팀에서 의약품을 포장할 때 고무 밴드를 이용하여 일정 수량 단위로 묶는다든지, 포장할 때 무거운 것을 아래에 놓는다든지 하는 것도 간단하지만 일종의 시스템이라 볼 수 있죠. 물류 창고에서는 소터라는 시스템을 도입하고 아이패드로 결제 내역 조회를 할 수 있도록 하여 일의 효율을 높이고, 직원도 덜 피로하게 하여, 고객의 편의를 도모하는 형태의 시스템을 만들어 왔죠. 크고 작은 혁신을 이루어내는 이런 것들이 태전그룹의 가치인 '평생학습'과도 연관되더군요. 그런데 좀 더 깊이 들여다보면 좀 전에 말씀드린 '인간존중'이라는 가치가 핵심이지 않을까 하는 생각이 들었습니다. 그 결과로써 직원들의 장기근속이 나오는 것 같고요. 조직에서 일어나는 대응력과 학습력이 '조직 지식화'되고 이런 것들이 계속 쌓여 선순환이 생기는 것 같습니다.

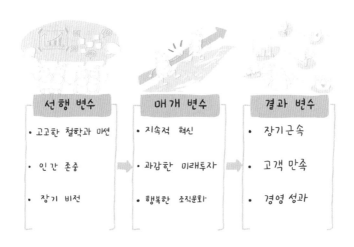

봉 '조직 지식화'라니 굉장히 중요한 표현이네요. 근속 기간과 아주 밀접한 관련이 있죠. 이것을 선순환 관계로 엮어 보면 인간존중의 문화가 있기 때문에 장기근속자가 많고 그러다 보니 조직 지식화가 쉬워질 수 있는 거겠네요.

윤 인간존중과 조직 지식화의 선순환 구조. 좋은 프레임워크*Frame-work*인 것 같습니다. 인간존중과 더불어 '장기 비전'도 중요한 선행 요소로 보여요. 어떻게 보면 경영진들의 마인드 셋이라고 할 수 있는데요. 오영석 회장님이 자주 하는 말씀이 '우리가 장사를 하는지, 기업가로서 역할을 하는지 명확히 해야 한다'는 것이었어요. 그러니까 '기업가로서의 마인드'로 회사를 운영한다는 것이죠. 회사의 존재 이유가 단순히 이윤 추구라면 회사를 이렇게 운영하지는 않았겠죠?

봉 맞아요.

윤 리더가 먼저 왜 이 사업을 하는지, 이 회사가 왜 존재하는지에 대한 명확한 이유를 갖고, 눈앞에 있는 이익을 좇는 것이 아니라 사회에 도움이 되고자 하는, 그런 방향성이 있었어요. 그래서 장기적인 관점에서 혁신을 위해 투자하고 직원들을 존중하는 것이 가능했던 것 같습니다.

봉 제가 또 느낀 것은 오수웅 명예 회장님이 참 좋은 사람이라는 거예요. 유인규 전주 태전 식당 사장님이 뭐라고 하셨냐면 '오 회장님이 가끔씩 오셔서 내가 노래 한 자락 들려줄게요. 나 노래 잘해!' 그러셨다는 거예요. 이건 회사의 경영자라기보다는 함께 사는 이웃이 순박한 마음으로 건네는 말이잖아요. 권위를 내려놓고 따뜻한 마음을 전하는 정을 느낄 수 있었어요. 그리고 명예 회장님의 사모님도, 오영석 회장님도 약사이다 보니 '우리가 지금 하는 일은 약을 나르는 것'이라는 것에 초점을 맞추고 중요하게 생각했던 듯해요. '환자들의 생명을 지키는 데 꼭 필요한 약을 나르는 것'이 사명인 거죠. 이렇게 인간 존중과 환자를 위해 일한다는 사명, 이 두 가지가 매우 중요하고 기본이 되는 선행 변수라고 봐요. 여기에 하나를 더한다면 기업가로서 내 대(代)에서 끝내는 게 아니라 '장기적인 관점에서 경영하는 것'을 포함할 수 있겠네요.

윤 그렇죠. 좋은 생각인 것 같아요.

봉 이 점을 유심히 봤던 이유가 있는데요, 경쟁사인 A사는 계열사로 학원을 만들고, 그다음에 부동산 투자를 했다고 하더라고요. 그들이 회사를 다각화하는 동안 태전은 한 우물을 파며 본질에 집중했죠. 그런 점에서 태전은 굉장히 특별하다고 생각합니다. 이야기하다 보니 생각나는데, 설동훈 전무가 '너무 빨리 가려고 하지 마라'는 말을 했어요. 태전은 차분차분 하나씩 사업을 확장해 나갔지만, 또 다른 경쟁사인 B사는 외국 자본까지 들여와 M&A를 통해 몸집 불리기를 시도했잖아요? 태전은 급하게 가지 않고, 자기 일을 충분히 즐기면서 단계를 밟아가고 있어요. 그런데 이게 설 전무님만 그렇게 생각한다고 되는 것이 아니고, 회사 대표인 오경석 부회장도 같은 생각을 가졌기에 가능했던 것이지요. 그래서 장기근속자도 많고 조직 지식화가 되는 것 같습니다. 그리고 또 하나, 태전에 매우 큰 동력이 있는데요. 바로 '전산'이에요.

윤 맞아요. 전산이 매개 변수로 작용할 수 있겠네요. 잠깐만요. 인간존중은 신념이고 결과로써 수평적인 조직문화가 나오는 거죠. 그래서 말씀하신 전산과 조직문화가 중간에 매개 역할을 하고, 그 결과로써 성과도 나오고 장기근속도 나오고, 고객만족도 나오게 되는 거네요.

봉 예, 맞아요. 그런데 '전산'은 '장기 비전'의 결과라고 생각해요. 예를 들면 1980년대에 IBM 메인프레임 컴퓨터를 들여왔는데, 당시의 전체 매출이 95억 원이었대요. 그런데 1억 원이 넘는 메인 프레임을 들여온 거예요. 지금 태전그룹의 연 매출이 1조 원이니 100억 원짜리 전산 시스템을 들이는 것과 같은 상황이죠. 이런 일은 단기적 안목으로 이윤만 추구했다면 할 수 없는 일입니다. '앞으로 변화될 세상에서는 빠르고 정확하게 해야 한다'는 미래를 보는 안목이 있었기 때문에 이런 결단이 가능했던 거라고 봅니다. 또 다른 예로 오영석 회장님이 직원에게 책을 나눠주는 독서 경영을 실천하잖아요. 그게 한두 번은 그럴 수 있지만 지속하기란 쉬운 일이 아니에요. 한 번에 나눠주는 책의 권수가 600권이니까요. 하지만 한두 명이라도 그 책을 읽고 아이디어를 내면, 거기서 어떤 혁신이 이루어질지 모른다는 거지요. 그러니까 이것도 장기 비전을 갖고 아낌없이 투자를 하는 거죠. 최영남 부사장이 대리였던 시절에 IBM 컴퓨터가 들어왔는데 그걸 조작할 줄 알아야 하니 4개월간 광주에서 하숙하며 배우도록 했다는 것 아닙니까? 전주에 있는 사람을 광주에 보내 하숙비에 월급까지 줘가며 배울 수 있게 했다는 건 대단한 일이죠. 이 이야기를 듣고 저는 태전 팬이 됐어요. 오수웅 명예 회장님은 정말 대단한 분이에요.

윤 다시 변수 간의 관계로 돌아오면요. '인간존중'은 조직문화와 연결되고, 전산이 중요한 매개 변수라는 데는 저도 공감했는데, 전산도 따지고 보면 '미래에 대한 과감한 투자'라고 볼 수 있어요. 오엔케이와 에이오케이를 설립하여 오더스테이션, 우약사 플랫폼, 태전만의 PB 제품들을 만들어 운영하는 것도 그렇고요. 결과 변수를 짚고 가자면 긍정적인 조직문화의 결과로 장기근속도 생기고, 고객만족도 높아지고, 성과도 난 거죠. PB 제품의 성공도 전산에 '과감한 투자'를 했기 때문에 그렇게 된 거라 볼 수 있고요.

봉 맞아요. 그게 성과로 다 나타나는 것이죠.

윤 제가 인터뷰 자료를 코딩한 내용들을 훑어가며 이야기를 이어가면 좋겠습니다. 태전의 '가족적인 문화'는 조직문화에 해당이 되고, '건의 사항 신속 수용'도 인간존중에 기반한 조직문화가 된 것이고요. '보람과 자부심 추구'라는 부분도 있어요. 태전이라는 회사가 미션에 충실한 편인데 그러다 보니 개인도 그렇게 된다고 봐야 될까요?

봉 저는 '보람과 자부심'에 대해 이렇게 설명하고 싶어요. 예를 들어 영업사원이 약국에서 빨리 필요로 하는 약을 수소문해서 구해다 줬어요. 그 결과로 환자가 병에서 나았으니 보람을 느꼈던 겁니다. 태전 직원들이 이런 이야기를 하는 걸 보면 개인이 업무에서 느끼는 보람이 태전에서 근무하는 자부심과도 연결된다고 생각해요.

윤 그렇죠. 개인이건 조직이건 미션에 충실한 거예요.

봉 박현숙 대리의 '500원짜리 염색약' 스토리 기억하시죠? 이것도 매우 와닿는 이야기입니다. 이 이야기에서 개인의 미션이 회사의 미션이 될 수 있다는 것을 크게 느꼈어요.

윤 '500원 짜리 염색약'은 정말 상징적인 스토리네요. 그러고 보니 태전에는 상징이 좀 많아요. 태전의 뜻은 콩밭인데 자리이타를 설명하는 배경으로 쓰이고요. 태전의 마스코트는 다람이인데 다람쥐처럼 신속하게 행동하고 미래를 준비하고자 하는 마인드가 담겨 있죠. 다시 코딩된 표현을 검토하자면 '실수를 학습이나 전환 배치로'라는

부분이 있는데, 이것도 인간존중이라고 볼 수 있을 것 같고요. '평생
학습'도 어딘가에 들어갔으면 좋겠는데요?

봉 네, 그런 식의 이야기가 꽤 많이 나왔어요. 우리가 전산을 하나의
큰 매개 변수로 뽑았잖아요? 그런데 그것을 아우르는 더 큰 무언가
가 있을 것 같아요.

윤 '업무 방식의 혁신', '지속적 업무 방식 혁신'이라고 하면 어떨까
요? 그러면 전산도 들어가고 물류에서 이루어낸 크고 작은 시도들도
들어갈 수 있을 듯한데요.

봉 그러면 '지속적 혁신'으로 하면 어떨까요? 혁신할 때 실패를 두
려워하면 못 하는 거잖아요? 오영석 회장님이 강오순 대표님께 '실
패할 수도 있죠. 실패를 걱정하면 아무것도 못 하잖아요.' 실패를 해
도 '걱정하지 마. 다시 하면 돼.' 이런 메시지를 여러 번 강조하셨던 점
에서 찾아볼 수 있어요. 태전이 지속적 혁신이 가능했던 이유는 실패
를 두려워하지 않는 도전 정신이었다고 할 수 있으니 제일 큰 키워드
는 '지속적인 혁신'인 거죠.

윤 더 이어가면 '월차를 눈치 보지 않고 쓰는 것'은 조직문화에 인간
존중과도 연결되어 있고, '시스템 선도력'은 방금 언급된 '지속적 혁
신'에 해당하고, '자리이타 영업방식'은 '미션에 충실'한 것이었다고

보면 될 것 같네요. '자리이타 협상 방법', '자발적 협력'도 조직문화로 볼 수 있고, '자존심을 세워주는 영업'은 '인간존중'이라고 볼 수 있고요. '좋은 관계'는 조직문화에 들어있고, '주도성을 발휘할 수 있도록 하는 시스템'은 매개변수인 조직문화와 '지속적 혁신'하고 겹쳐서 연관성이 있네요. 매개변수 간에도 상호작용이 있어요.

봉 그럴 수 있지요.

윤 '통상의 기대를 넘어 행동'이라는 코드가 보이는데요. 이게 매우 흥미로워요. 직원 중에는 월급을 받기 위해 일을 한다고 생각하는 사람도 있지만 많은 직원이 일 자체에 가치를 느끼고 있었어요. 경제적 이익을 생각하고 태전에 들어오는 직원이 많았다면 이렇게 되기가 어려웠겠다는 생각이 드네요. 문혜영 과장도 다른 곳에서 더 많은 연봉을 받으며 일할 수 있었는데도 태전에서 일하는 것을 선택했잖아요?

봉 지금 이야기를 듣다가 생각났는데요, 닭살 돋는 표현일 수 있지만 '고고한 철학'이에요. 이건 '미션에 충실'이나 '인간존중'하고는 조금 다른 이야기인데요, 아까 오수웅 회장님을 '참 좋은 사람'이라고 했잖아요. 이것이 '꼭 돈만을 위해서 일하지 않는다'는 것과 같은 이야기라고 볼 수 있겠어요.

윤 맞아요.

봉 어떻게 보면 아버지가 돈을 많이 벌었으니 부동산에 투자하고 놀러 다닐 수 있었을 텐데 그렇게 하지 않으셨어요. 그런 철학이 은연중 직원에게도 스미는 거죠. 최영남 부사장이 젊은 시절 새벽 2~3시에 퇴근하면서도 행복할 수 있었던 건 돈 때문이 아니었어요. 오수웅 회장님이 자기를 그만큼 믿어주고 권한을 주고 공부할 기회를 주니 충성을 다하는 거예요. 회사에 충실한 것뿐만 아니라 자기 자신에게도 충실했던 거죠.

윤 네, 맞아요. 그래서 최근 태전은 주인의식이라는 가치에 대해 정의를 다시 내렸잖아요. '자기 일을 통한 꿈의 실현을 위해 주도적으로 행동한다'라고요 '고고한 철학'이란 표현은 사업의 목적, 조직의 존재 이유, 조직의 방향성에 대한 고민 등이 녹아있으므로 '미션에 충실'과 합쳐 '고고한 철학 및 미션 중심' 정도로 표현해 보는 것은 어떨까요?

봉 네, 그렇게 해보죠.

윤 이제 변수 간의 관계에 대해서는 마무리하고 제언에 대한 이야기해 볼까요? 이런 메커니즘을 알고 있는 상황에서 주요 이해관계자들은 어떻게 하면 좋을까요? 저는 회사부터 생각나는데요. 제가 부

| 대화의 내용을 기반으로 도출된 선행, 매개, 결과 변수 요약 |

선행 변수	- **고고한 철학과 미션 중심**: 조직과 개인의 존재 목적에 대한 심도 있는 인식과 이상적 가치 설정. - **인간존중**: 모든 결정과 행동에서 인간의 가치와 존엄성을 최우선으로 존중하는 근본적인 태도. - **장기 비전**: 변화하는 미래에 대응하여 조직의 지속 가능한 성장과 발전을 목표로 하는 방향성 설정.

매개 변수	- **지속적 혁신**: 실패를 두려워하지 않고 끊임없는 개선을 통해 새롭고 효과적인 방법을 찾아내어 적용. - **과감한 미래 투자**: 장기적 성공을 위한 자원과 노력의 적극적 투입으로 미래 지향적 발전을 추구하는 전략. - **행복한 조직문화**: 구성원들의 만족과 행복을 우선시하며 긍정적인 근무 환경을 조성하는 조직의 분위기와 관행.

결과 변수	- **장기근속**: 조직에 대한 깊은 애착을 바탕으로 장기간 조직과 함께 성장하고 기여하는 현상. - **고객만족**: 제공하는 서비스와 제품으로 고객의 기대를 충족시키며 높은 만족도를 이끌어내는 조직의 능력. - **경영성과**: 조직의 목표 달성과 시장에서의 성공적인 위치 확보를 통해 달성되는 측정 가능한 성공과 발전.

사장이라는 직책을 맡고 있다 보니, 태전그룹의 미션이 회사 홈페이지에 적어놓는 차원을 넘어서 실제로 사람들이 마음으로 받아들일 수 있게끔 하는 게 필요하다고 생각해요. 그래서 '미션에 충실'이라는 것을 지속하기 위한 작업을 진행하고 있고, '장기 비전'이라는 선행지표와도 합치되는데, 회사는 2006년 첫 비전 작업 이후부터 3년마다 회사 전체와 부서별 비전을 세우는 것으로 프로세스를 정례화했어요. 하지만 이런 비전 작업이 강한 힘을 발휘하려면 구성원들이 함께 미래를 꿈꾸고 그 미래상을 그려내는 것이 중요한 듯싶습니다. '인간존중'이라는 핵심 선행지표를 활용하여 비전 작업에 직원들을 더 참여시켜 '회사의 미래는 나의 미래이기도 하다'라는 생각으로 같이 꿈꾸면 좋겠어요.

봉 저는 리더에 관한 이야기를 해볼게요. 제가 인터뷰한 타 제약회사에서 일한 적이 있는 모 이사님이 한 말인데요. 매주 목요일에 진행하는 주간 경영회의에서 수직적인 지시가 아닌 토의가 일어난다는 거예요. 다른 회사에서는 찾아보기 힘든 장면이죠.

윤 네, 저도 참석할 때가 있어요. 그런데 비교적 그런지는 모르겠지만 사실 갈 길이 멀어요. 회장님께서 먼저 발언하고 지적하는 부분이 아직 있거든요. 회장님에 국한되는 이야기가 아니라 저도 회의를 하다 보면 저 혼자 이야기할 때가 많아서 강오순 대표님에게 주의받은 적이 있어요. 들여다보면 아직도 상당수의 리더가 그런 경향이 있죠.

봉 네, 쉽지 않은 일이긴 하죠. 제가 말씀드리고 싶은 것이 바로 그 부분이에요. 어떻게 하면 태전이 좀 더 집단 지성을 활용할 수 있을까? '퍼실리테이션'에 어느 정도 답이 있지 않을까 하는 거죠.

윤 동감입니다. 그런 면에서 태전의 장기 비전과 인간존중이라는 근 90년간 태전이 있게 한 핵심 요소들을 좀 더 곱씹어볼 필요가 있네요. 저는 태전의 인재 및 조직 개발 담당 부사장으로 향후 100년 가는 강한 조직문화를 만드는 것을 방향성 중 하나로 잡고 있어요. 이는 '시스템'과 '집단 지성'에 의지하지 않고서는 어려운 일이죠. 현재 강오순 사장님과 오경석 부회장님, 오영석 회장님의 부지런함, 끊임없는 지원, 혜안 등에 의지하여 신사업이 추진되고 있지만 구성원들의 집단지성이 더 활용될 여지가 분명히 있거든요. 그러려면 200년 이상 가는 회사라는 '장기 비전'을 갖고, 지금껏 구성원들에 대한 신뢰를 통해 많은 일이 추진되었듯이 '인간존중'을 충분히 활용하여 구성원들의 잠재력과 역량을 최대로 끌어올리면 좋겠습니다.

봉 좋습니다. 이제 직원들에 대한 이야기로 넘어가 볼까요? 저는 직원들에게 이 책을 잘 읽어보라고 하고 싶습니다. 성과가 높은 직원만 추려서 인터뷰한 것도 아닌데 좋은 사례*Best Practice*가 많이 나왔잖아요. 이 책을 읽는 직원들이 '이 사례들을 뛰어넘자'라는 생각을 가졌으면 좋겠어요. 이 책에 소개된 사례에도 있지만, 이런 행위가 타인을 위해서라기보다는 자신이 보람을 느낄 수 있는 것이고요. 고객을 위하는 길이 되기도 하고요.

윤 네, 태전에서 다시 정의된 '주인의식'의 핵심과 관련한 말씀이네요.

봉 맞아요. 최영남 부사장과 박수경 차장이 지금의 높은 직책을 맡기까지의 과정을 보면 동료들과 경쟁하며 올라간 것이 아니라 그야말로 자기 일을 즐긴 거거든요. '이런 선배들을 보십시오. 이렇게 자기를 즐기면서 일할 수 있는 회사 고유의 풍토가 있지 않습니까? 이런 회사에서 일할 수 있다는 것이 행운이지 않습니까? 이런 조직문화를 활용해 자기 계발도 하고 자아실현도 하며 그렇게 살아봅시다!' 이런 이야기를 직원들에게 해주고 싶어요.

윤 그러고 보니 최고 의사결정자들이 학벌 이야기를 꺼낸 적이 단한 번도 없네요. 학벌보다는 그 사람이 갖고 있는 역량, 인성, 회사의 필요를 최우선으로 보고 있죠.

봉 네, 이런 전통을 잘 살리고 충분히 즐기면서 선배들이 했던 좋은 것들을 잘 계승 발전시켜 200년 이상 가는 회사로 만들었으면 좋겠습니다. 그러면 100년 후 누군가가 태전에 대한 책을 또 썼을 때 '200년이나 된 회사 아냐!' 하며 감탄할 수도 있지 않을까 하는 생각이 드네요. MZ 세대가 지금의 태전을 만든 리더들의 마인드를 시대에 맞게 수정 보완해 나가야 한다고나 할까요?

윤 지금 말씀하신 것이 우리가 확인한 '장기 비전'의 설명인 '미래 예측 및 적기 대응'과 일맥상통하네요.

봉 장기 비전을 세워만 놓는 게 아니라 미래를 내다보고 대응해 나가는 거죠. 신속하게, 적기에 대응하면 좋은 것이고요.

윤 '장기 비전만 세울 것이 아니라 대응도 같이 해나간다'라고 하니 선행지표 안에서도 약간의 위계가 만들어지는 것 같네요. 순서상 '고고한 철학과 미션 중심'이 먼저고, 그다음이 '장기 비전'이겠죠?

봉 '인간존중'도 '장기비전'보다 먼저 가는 게 맞다고 봐요. 지금까지 나온 이야기들이 이론적으로도 정리가 되고 태전의 특이점까지 나오니 참 좋네요. 제가 한두 개만 더 이야기해 볼게요. 리더에게는 'Here-and-Now Humility'가 필요하다고 생각합니다. 긴 시간 동안 잘해왔다고 자만할 것이 아니라, 여기서 그리고 지금 어떤 일이 벌어지는지에 대해 겸손하게 생각하고 행동하겠다는 생각을 갖는 거죠. 이건 에드가 샤인_Edgar Schein_의 《프로세스 컨설테이션_Process consultation_》이라는 책에 나오는 이야기에요.
또 하고 싶은 말은, 태전그룹은 칼퇴근하는 회사이고 휴가를 쓸 때 눈치를 주지 않는 회사란 말이에요. 여기서 강조하고 싶은 게 '디시플린_discipline_'이에요. 《좋은 기업을 넘어 위대한 기업으로_Good to Great_》라는 책에 나오는 이야기인데요. 거기서 소개된 위대한 회사들이 잘하고 있는 것 중 하나가 '엄정한 규율'이에요. 자유방임인 것처럼 보이지만 규율이 있는 거죠. 좋은 회사를 지키는 사람들은 바로 직원입니다. 일례로 점심때 12시에 나가면 식당이 복잡해서 11시 45분경에 식사하러 나간 직원이 있어요. 그런데 점심시간인 1시를 한참 넘겨 자리에 돌아왔는데 아무도 뭐라고 안 하는 거예요. 오히려 '뭐 먹고 왔어? 나도 한번 가봐야겠네?' 하는 매우 관대한 회사죠. 그런데 관대함이 계속 유지되려면 11시 45분에 나갔으면 12시 45분까지는 스스로 들어와 주는 자기 규율Self-discipline이 있어야 해요. 이게 조금씩 무너지면 자칫 둑이 와르르 무너져버릴 수 있어요. 제 발언이 직원들을 나무라는 것처럼 느껴질까 봐 조심스럽긴 합니다.

윤 사실 저도 이 부분을 책에 넣을지 조심스럽긴 한데요. 영속하는 회사가 되기 위해서는 작은 디테일까지 구축하는 고민을 끊임없이 해야 한다고 생각합니다. 나무란다기보다는 회사와 직원에게 가감 없는 제언을 하는 것이 우리 대담의 목적 중 하나니까 책에 싣도록 하죠. 이 메시지는 모든 구성원에 해당하는 것이기도 하고요.

봉 네, 맞아요. 이미 모범적인 태전의 직원들에게는 기우일 수 있지만 '회사에서 자율을 누리되 스스로 책임감 있는 모습을 보이자'라는 메시지입니다. 그 책임감이 더 큰 자율이라는 자리(自利)로 돌아올 거예요.

윤 마지막으로 독자와 태전그룹 현재와 미래의 구성원에게 하고 싶은 말이 있어요. 최근 1년간 리더육성 과정, 다람이데이, 수차례의 미준위, 전체 직원을 대상으로 하는 두 차례의 설문 등을 통해 태전그룹의 사명이 드디어 정해졌습니다. 경영진이 정해서 내리는 방식이 아니라 전체가 참여하여 결정했다는 점에서 의미가 있어요. 이 짧은 문구가 조직의 모든 의사결정과 운영, 미래 사업을 찾는 데 있어 변치 않는 북극성이 될 것입니다. 태전그룹의 새 사명선언문은 다음과 같아요. '우리는 올바른 헬스케어 서비스*Health care service*를 통해 모두의 삶을 이롭게 한다.'

봉 태전의 자리이타 가치와 직원과 고객과 사회를 위하는 것까지 사명선언문에 매우 잘 스며들어 있네요. ESG*Environment, Social, Governance* 경영이 화두가 되는 요즘, '올바른' 것이 무엇일지 끊임없이 고민하도록 하는 것도 같고요. 역시 태전입니다! 태전그룹의 존재 목적을 찾아낸 태전그룹 구성원들을 축하하고 싶습니다.

윤 감사합니다. 독자들도 태전그룹과 얽힌 스토리가 이 한 문장으로 함축되었다는 것을 느꼈으면 좋겠습니다. 오늘은 여기까지 하실까요? 수고 많으셨습니다. 교수님.

봉 교수님도요. 우리 이야기가 많은 분에게 도움이 되었으면 좋겠네요.

맺음말

    힘겹지만 즐거웠던 집필이 모두 끝났다. 짧지 않은 여정이었음에도 그 시간이 소중하게 느껴지는 걸 보면 이 책은 우리에게도 특별한 의미가 있는 듯하다. 책을 쓰면서 다른 책들과 엇비슷한 내용을 담기 위해 종이를 낭비한 것은 아닌지 돌아보며 부끄럽지 않은 결과물을 내려고 애썼다. 그럼에도 책에 대한 독자들의 평가가 어떨지 두려움이 생긴다. 할 수 있는 최선을 다했으니 판단은 독자에게 맡기려 한다.

    우리 둘은 책을 쓰는 과정에서 행복했다. 무엇보다 20년 전에 처음 만났던 우리가 이렇게 의미 있는 작업을 또 한 번 같이 할 수 있게 된 것이 기뻤다. 우리나라 기업 역사에서 90년의 역사를 가진 강소기업은 흔치 않다. 그 기업을 속속들이 알게 된 기쁨이 컸다. 이 회사를 만들고 그 안에서 인생의 보람을 찾고, 미래를 준비하는 분들의 이야기를 기록하며, 감동하고 안타까워하고 코끝이 찡해지고 눈시울을 붉히는 많은 순간이 있었다. 그들의 이야기를 책에 담아

냈다는 자부심이 있다.

작업의 여정은 수많은 분의 성원과 협조가 아니었으면 할 수 없었을 것이다. 먼저 이 책의 주인공들에게 감사를 드리고 싶다. 정확히 52명의 임직원분이 인터뷰에 참여해 주었다. 짧게는 약 1시간씩 두 번, 길게는 2시간 정도의 인터뷰를 4번까지 해주었다. 어쩌면 사생활에 해당될 수 있는 이야기를 기꺼이 공유해 주었을 뿐만 아니라 우리가 쓴 초고의 내용을 면밀히 검토하고 수정 보완해 주었다.

오영석 회장님은 우리 프로젝트의 목적을 깊이 이해하고 모든 지원을 흔쾌히 해주셨다. 당장의 매출에는 도움이 안 되겠지만 100년 후를 내다보기에 가능한 물적, 인적, 시간적 투자라고 생각한다.

매주 목요일에 열리는 태전그룹 사장단 회의 참가자들은 두 번의 회의에서 소중한 시간을 할애해 주었다. 그 자리에서 우리는 책의 방향에 대해 귀중한 아이디어를 얻을 수 있었고 인터뷰 참가자를 추천받을 수 있었다.

전주와 평택, 서울에 위치한 세 회사에 근무하는 52명의 임직원과 인터뷰 일정을 잡는 일은 결코 녹록한 일이 아니었다. 이 과정을 전주에서는 문혜영 과장, 평택에서는 윤형준 과장, 서울에서는 박민영 부장이 각각 도와주었다.

프로젝트 초기 단계에서 문외한인 봉 교수가 태전그룹과 의약품 도매업이라는 산업을 이해하는 데는 전북대학교 경영대학원의 재

학생들(김지영, 류훈희, 오기연, 이경훈, 정지원, 조성민, 최석환, 홍인수, 황미선)이 큰 도움을 주었다.

첫 번째 부록을 쓰는 과정에서 네 분 약사님의 도움으로 내용의 타당성을 검증할 수 있었다(김동식 충남 보령시 대영약국, 오소원 경기도 화성시 나음 온누리 약국, 이윤경 서울 송파구 화인약국, 최명자 서울 중구 주원약국).

두 명의 사회과학자가 쓴 건조한 문장을 읽기 쉬운 매끈한 문장으로 매만져준 김예연 작가에게도 깊이 감사드린다. 책에 나오는 각종 그림을 빼어난 솜씨로 삽화로 그려준 최아영 작가에게도 감사의 마음을 전한다.

책의 마지막 단계에서는 우리가 리뷰 팀이라고 부르는 다섯 명의 직원(김수정 과장, 김현중 차장, 문혜영 과장, 박수경 차장, 오재원 과장)이 도움을 주었다. 우리는 이분들의 도움을 받아서 목차를 확정했고, 책에 실린 각종 숫자와 이름, 업무 프로세스 등을 확인할 수 있었다. 모든 분께 다시 한번 진심으로 감사드린다.